스레드에서 달리기 중입니다

500자 안에 담긴 달리기와 생존에 관한 이야기

스레드에서
#RunningThreads

달리기
중입니다

김찬호 지음

지금껏

달리지 않아 후회한 날들은 있어도

달려서 후회한 날은 하루도 없었다.

시린 바람마저 달콤했던

어제의 달리기 기억이

오늘의 달리는 이유가 된다.

Start

2023년 11월 5일 일요일, 내가 생애 첫 마라톤을 뛴 날이다. 그 해를 시작할 당시만 하더라도 가을이면 40km를 넘게 달릴 수 있는 인간이 되어 있으리라고는 상상조차 하지 못했다. 달리기를 시작하고 불과 두 달 반 만에 일어난 '사건'이다.

그도 그럴 것이, 달리기는커녕 걷는 것조차 별로 좋아하지 않는 데다가 운동이라고는 평생 즐겨본 적도 없던 사람이, 어느 날 갑자기 마라톤 완주 메달을 목에 걸고 있으니 이 얼마나 비현실적인 장면인가.

이때부터다.
나의 진짜 달리기가 시작된 게.
그리고 내 일상에 달리기가 스며들기 시작한 게.

무턱대고 신청한 대회를 준비하느라 좌충우돌 분주하기만 했던 초반과 달리, 지금 내게 달리기는 단순한 운동 그 이상을 넘어선 의미를 지닌다. 누구는 반문할 수 있다. 좋은 습관 정도면 충분한 달리기에 뭐 그리 대단한 의미까지 부여하는지 말이다. 하지만 내가 달리기에 의미를 부여한 것이 아니라, 달리기가 내 삶을 더 의미 있게 만들었다. 달리며 글을 쓸 수밖에 없었던 이유다.

이 책은 누군가의 기대와 달리, 달리기 책이 아니다. 러닝화를 신기 시작한 지 1년밖에 되지 않는 내가 '효과적인 훈련법'이나 '올바른 자세' 등에 관해 말할 처지가 아니다.

이 책은 달리기하며 내가 바라본 세상과 삶에 관한 이야기다. 잘 달리고 싶어 하는 사람보다는 잘 살아내고 싶은 사람에게 먼저 나누고 싶은 글이다. 그래서 어쩌면 달리는 사람보다 달리지 않는 사람에게 더 어울리는 책이 될는지 모르겠다.

2024년 5월 말부터 스레드^{Threads}에 글을 공유하기 시작했다. 사진이나 동영상을 부지런히 업로드해야 하는 인스타그램^{Instagram}과 달리, 500자의 제한된 활자가 중심이 된 스레드가 내 느낌과 이야기를 가볍게 담아내기에는 더 적합했다.

평범한 아저씨 러너의 글을 꾸준히 읽고 응원을 보내 준 '스친$^{(스레드 친구)}$'들이 있었기에 이렇게 책으로 묶을 용기까지 얻었다. 열심히 댓글도 달지 못했는데, 공간을 빌어 진심으로 고맙다는 인사를 전한다. 그중에서 특별히 많은 사랑을 받았던 글을 묶어 탄생한 이 책 한 권이, 오늘 거친 호흡으로 삶을 달리고 있을 스레드 밖 다른 친구들에게도 작지만 시원한 물 한 컵 될 수 있기를 소망한다.

목차

Start 7

1장 달리기의 모든 이유

달리기를 시작한다는 건 19
딱 그 정도만 달릴 수 있어도 20
달리지 않는 사람들이 갖는 러너에 대한 오해 21
변화가 필요할 때 22
0이거나 1이거나 23
달려야 할 충분한 이유 25
잘 살아내려 달린다 26
Reserved 27
달리기로 사람이 변할까 28
비포 앤 애프터 29
고백 30
1년 1,400km 달리기가 가져온 열 가지 변화 31
러너의 이름으로 32
러너의 표정 33
결핍 없이 달리는 사람은 없다 35
달리기가 어울리는 사람 36
멈추지 말아야 할 이유 37
나 사용 설명서 39
자기통제 41
숙제는 하기 싫어서 43
달디단 쓴 약 44
패셔니스타 46
내 무릎 연골, 괜찮을까? 48
달리기로 다이어트를 50
도파민을 부르는 종합 비타민 53

달리기의 세 가지 의외성 54
나는 암 환자였다 55

첫 번째 급수대 57

2장 잘 달리고 싶다

인정욕구 61
거리 두기 63
꾸준히 달리려면 64
'must'보다 'want' 65
어떤 공식 67
매일 달리지 않는다 68
달리기의 목적이 분명해야 70
나의 계절별 달리기 72
발소리 변화 73
달리기에서 10km가 주는 의미 74
나의 달리기에 새로운 레시피가 필요할 때 75
조깅으로 달리기 리듬 찾기 76
거리에 따른 나의 여름철 조깅 준비 77
250ml 78
같은 날 목격한 두 러너의 착지 80
트레드밀 위에서 82
심박수, 가을이면 무조건 낮아진다 83
180bpm 85
힘들 때 심호흡 몇 번이면 5km는 더 간다 87
길 조심 89
공부와 달리기의 공통점 90
폼롤러 91
중둔근 92
내 안에 숨겨진 생수병을 찾아서 94

운동부하검사 95
TV 시청 중입니다만 97
주치의 98
슈퍼맨 100
초보 러너의 졸업 조건 102
잘 달리고 싶다면 104

두 번째 급수대 105

3장 달리기 중독

달리기가 대체 뭐길래 109
나한테 너무 미안할 것 같아서 112
애주가의 기도 113
어디로 가야 하죠 115
사랑과 달리기의 공통점 116
달리기는 잘못이 없다 117
기록 도파민 118
달리기의 맛 119
러닝 변태 120
설계 121
자랑 좀 하고 갈게요 123
미친 x 124
위안 125
아침 5시 30분, 잠수교 126
아는 사람만 아는 그 행복 128
여름 한가운데서 129
그럼에도 여름 달리기가 낫다 131
러너의 계절 132
트랙 달리기 134
한 번의 달리기 135

이미 멀리 와버렸다 136
꿈을 꾸다 137
이제라도 전하는 인사 138

세 번째 급수대 139

4장 다들 어디에 있다가 나온 걸까

핫플레이스 143
지하철 러너 감별사 144
숨은 러너 찾기 145
why run? 146
지금 달리기는 '확산' 중 147
유행을 넘어 문화로 정착할 가능성이 큰 이유 5S 149
그 사람과 30분 천천히 달려보면 알게 되는 것들 151
인연 152
I see you 154
선한 사람 156
무명씨 158
명연설 160
고정관념 162
오늘도 뒤따라갑니다 164
대란 166
그래서, 달리고 왔나요 167
'어떤' 러너적 사고 168
의지가 약해질 때 달리게 만드는 '상황 설계' 171
혼자라도 할 수 있다 172
희귀종 174
혼자 달리던 러너가 함께 달리면 경험하게 되는 것들 175
주말 러너 176
파이팅 저축 177

러너의 대차대조표 179
마음을 전합니다 180
오늘도 달리러 나갈까 말까 고민 중인 당신에게 181
좀 더 멋진 인증샷을 위하여 182
난닝구 183
실버 크루를 모집합니다 185

네 번째 급수대 187

5장 달리러 가자, 놀이터로

술자리에서 아는 척할만한 마라톤 기록 Top7 191
남자의 눈물 194
내가 마라톤에 가지고 있던 오해 196
마라톤 접수 198
무엇으로든 간다 199
마라톤은 시험이 아니다 200
멀리 갈 수 있는 나만의 속도 찾기 202
실전과 같은 훈련 204
Long, Slow, Distance 206
중요한 예행연습 208
키빼몸 209
함께 갑시다 210
진짜 고수 212
마스터스 마라토너의 착각 213
페이스메이커 215
아직 갈 길이 많이 남았다 216
완주 2km 전 218
첫 마라톤 완주에 도움 되는 현실적 꿀팁 219
마라톤 주로에서 내게 힘이 된 시민 응원 TOP3 221
기록 이외에 마라톤에서 가질 수 있는 목표 또는 목적 222

마라톤의 날 223
순간이 모여 여정이 되다 224
내가 첫 마라톤을 앞두고 주최 측에 문의했던 내용들 226

다섯 번째 급수대 227

6장 달리기마저 용기가 필요했다

중년 아재, 러너가 되다 231
달리기를 했을 뿐인데 233
몸치의 재발견 234
꼬마야, 걱정하지 마 235
just do it 236
내가 20년간 달리지 않은 이유 238
유튜브로 달리기를 배웠더니 240
휴식 241
걸음마 연습 243
남산 북측 순환로 244
인터벌 초보 246
기록 말고도 나의 달리기가 성장했다고 느끼는 순간 248
나는 배부른 러너다 249
그녀의 달리기 251
MSG 없이 달리기 253
길이 보이다 255
나의 달리기 거리 256
확실한 것 한 가지 257
1주년 259

마지막 급수대 261

Finish   263

1장
달리기의 모든 이유

달리기를 시작한다는 건

달리기를 시작한다는 건
다르게 살기를 선택했다는 의미다.
어떤 이유에서건
지금까지와는 다른 일상을 살아보겠노라
다짐했다는 뜻이다.

변화가 필요할 때
우리는 달리기를 시작한다.
시작하는 것은 달리기지만
시작되는 것은 새로움이다.

딱 그 정도만 달릴 수 있어도

갑자기 떠난 여행지에서도
아침 조깅 5km를 부담 없이 달리며
낯선 풍경을 즐길 수 있는,
딱 그 정도만 달릴 수 있어도
정말 멋지고 행복한 일상이다.

그런 달리기를 할 수 있는 사람이
과연 얼마나 될까.

달리지 않는 사람들이 갖는 러너에 대한 오해

* 아픈 데 하나 없으니 달린다
* 날씬하니까 달린다
* 젊으니까 달린다
* 시간이 많아 달린다
* 약속 장소까지 뛰어온다

변화가 필요할 때

달리기가 기적을 만들어 주진 않겠지만
희망적인 변화를 기대할 정도의 힘은 있어 보인다.

그러니 기적이 필요할 때는 신을 찾아가고,
뭔가 변화가 필요한 상황이라면
천천히 달리기부터 해보라 권한다.

0이거나 1이거나

1km 달리기도 버겁던 시절이 있었다. 달리기를 처음 도전했을 때 최선을 다해 달린 거리는 3km. 당시 내게는 아주 먼 거리였다.

이후 불가능할 거라 여겼던 10km를 달려낸 후 머릿속에 가장 먼저 떠오른 건 '아무것도 미리 단정 짓지 말자'라는 것이다. 다른 세계는 몰라도, 최소한 '나'라는 세계는 그런 성급한 정의가 한계를 그어놓는 듯했다.

머릿속 0%의 불가능한 영역으로 존재하는 한, 그곳에서는 아무 일도 일어나지 않는다. 그리 단정 지은 것을 위해서는 나 또한 아무것도 하지 않기 때문이다.

하지만 1% 가능성의 영역으로 옮겨지는 순간 어떤 일이 일어날지는 나조차 알 수 없다. 그 1%가 더 큰 가능성을 들어 올리는 지렛대가 되기도 하니 말이다.

0이거나

1이거나.

아무것도 할 수 없거나

무엇이든 할 수 있거나.

모두 내 선택에 달렸다.

달려야 할 충분한 이유

하루 종일 가슴 뛰는 일 하나 없다면
그것만으로도 달려야 할 이유는 충분하다.

달리는 시간이 하루의 1%가 되지 않는다 해도
덕분에 잠시라도 내가 나를 마주할 수 있다면
나는 주저 없이 신발 끈을 묶고 달리러 나간다.

잘 살아내려 달린다

힘든 달리기 훈련이
마치 대회 준비만을 위한 것 같아도
사실은 더 잘 살아내기 위한 노력이기도 하다.

빨리도 달려보고,
멀리도 달려보고,
숨도 차보고,
오르막길도 달려보면서,

그렇게 언제 어떤 길을 가더라도 만만해 보이게끔
나를 미리 담금질해 보는 훌륭한 연습이 된다.

Reserved

달리기는 내게 아무것도 묻지 않는다.

어떤 하루를 보냈는지,
왜 그런 선택을 했는지,
오늘은 왜 달리러 나왔는지 묻지 않는다.

잘못을 꾸짖지도 않으며
수고했다 말 한마디 해주지도 않는다.

그저 언제 가도
나 하나 달릴 길
말없이 내어줄 뿐이다.

달리기로 사람이 변할까

속 사람은 잘 변하지 않는다.
하지만 달리기를 1년 정도 해보니
겉 사람은 생각보다 쉽게 바뀌더라.

운동 초보자에게 이건 꽤 신선한 충격이었고
어쩌면 그 과정을 통해
속 사람의 변화도 기대할 수 있을 것만 같았다.

이 나이에도 성장 드라마를 쓰는 게 가능할지,
좀 더 시간을 두고 달려볼까 한다.

비포 앤 애프터 before and after

러너의 비포 앤 애프터 사진에서

가장 먼저 눈에 들어오는 부분은

체형 변화가 아닌 표정 변화다.

사람을 넘어

삶이 바뀌는 이들이 있다.

고백

나 책 좋아하는 사람인데
솔직히 최근 몇 년간 읽은 수백 권의 책보다,
시작한 지 일 년도 되지 않은 달리기가
나를 훨씬 많이 변화시켰다.

1년 1,400km 달리기가 가져온 열 가지 변화

① 체중 감량
② 체력 증진 및 하체 근력 강화
③ 저녁형 인간에서 아침형 인간으로
④ 숙면
⑤ 성취감을 느끼는 빈도의 급격한 상승
⑥ TV 및 유튜브 시청 시간 감소
⑦ 중요도가 낮은 뉴스에 관한 관심 둔화
⑧ 정서적 안정
⑨ 효율적 시간 관리
⑩ 줄어든 잔고(용품, 대회 참가비, 병원비 등)

러너의 이름으로

주로에는 명함이 없다. 사장과 직원이 구별되지 않고, 손님과 아르바이트생의 벽도 존재하지 않는다. 서로가 무슨 일을 하며 어디에 사는지 중요하지 않고, 갑과 을의 위태로운 긴장감이나 허례허식은 찾아보기 힘들다.

누구 엄마, 누구 아빠, 혹은 누구 아내, 누구 남편과 같은 호칭도 이때만큼은 잠시 내려놓고 달린다. 호칭을 내려놓으면 그 역할의 경계선은 흐릿해진다. 나도 모르게 쌓였던 삶의 무게가 착착 착착 밑창 소리에 묻혀 바람과 함께 날아간다.

몸의 건강을 위해 시작한 달리기가 뜻밖의 여유와 위로를 줄 때가 있다. 두 다리가 열심히 움직이고 있을 때, 되려 마음은 멈춤의 시간을 허락받는다.

러너의 표정

마주 달려오는 러너의 표정은 하나같이 다르다. 어떤 이는 아주 힘겹게, 어떤 이는 코호흡만으로 편하게, 또 다른 어떤 이는 노래를 읊조리며 그 길을 달려온다.

나는 어떤 표정으로 달리고 있을까. 정작 달리는 나의 표정을 본 적이 없다. 주변 풍경을 보느라 호기심 가득할 것도 같고, 생각에 잠겨 멍해 보일 것 같기도 하다.

달릴 때는 좀처럼 표정에 대해 말하지 않는다. 누구에게 보이기 위한 움직임이 아니다 보니 굳이 의도한 표정을 짓기 위해 에쓰지 않는다. '때와 장소에 맞는' 표정은 이미 충분히 소모하며 사는 중이다.

발목과 어깨에 힘을 빼고 달리듯
얼굴에 들어간 힘도 빼고 달린다.

세상이 요구하는 표정이 아닌, 살아남는 데 필요한 표정도 아닌, 나를 나대로 드러내는 그 표정으로 오늘도 내 맘대로의 달리기를 시작한다.

결핍 없이 달리는 사람은 없다

달리는 사람 중에 원래부터 발목이나 무릎 어딘가 조금씩 아픈 경우는 흔하고, 과체중이거나 평발인 사람도 얼마든지 많다. 어디 그뿐일까. 나이로 인한 신체적 한계를 경험하는 건 살아 숨 쉬는 존재라면 너무도 자연스러운 데다가, 허전하고 아픈 마음 달래려 뛰는 사람도 곳곳에 있다.

첫 마라톤 대회 현장에서 나를 끝까지 포기하지 않도록 만든 결정적 장면은, 누가 보더라도 나보다 불리한 조건을 안은 채 달리고 있는 수많은 러너였다. 내 앞에 선 그들을 보며 나는 쉽사리 멈출 수 없었다. '절대로' 달려선 안 되는 사람은 생각보다 드문 반면, 결핍이 도전의 시작인 사람은 거리를 채울 만큼 가득하다.

달리기가 어울리는 사람

달리기가 유행처럼 번지고 있지만
역설적으로 달리기는 오히려
시류에 흔들리고 싶지 않은 이에게
잘 어울리는 활동이다.

남들의 달리기와는 전혀 상관없이
마음껏 고고하고 마음껏 도도할 수 있는,
나만의 호흡과 나만의 리듬을 지키고 싶은 사람에게
가장 먼저 추천하고 싶은 운동이다.

남들을 따라 하기 싫거나
남들과 다르기를 원한다면
혼자서라도 조용히 달려보기를 바란다.

멈추지 말아야 할 이유

* 언젠가 등산을 갔다가 산을 뛰어다니는 사람을 보았다. 신기하기도 했지만 이해하기는 어려웠다. 나중에야 알았다. 트레일 러닝 중이었다는 걸.

* 언젠가 한강에 산책하러 나갔다가 힘겹게 달리는 한 무리의 청춘들을 보았다. 운동선수들인가 싶었다. 나중에야 알았다. 러닝 크루라는 게 있다는걸.

* 아주 오래전 지인이 마라톤을 즐긴다는 이야기를 들었다. 대체 심장이 얼마나 강철 같길래 그 먼 거리를 뛴다는 것일까. 나중에야 알았다. 나도 그게 가능하다는걸.

달리기를 시작하며 몰랐던 세상들을 알게 됐다. 세상뿐 아니라 나에 대해서도 많은 것들을 새롭게 알게 됐다. 생각보다 강하고, 생각보다 쉽게 포기하지 않으며, 생각보다 즐길 줄 아는 내가 달라 보이기 시작했다.

달리는 이유를 억지로 나열할 필요는 없겠지만, 달리다 보니 멈추지 말아야 할 이유는 하나둘 늘어가더라.

나 사용 설명서

나는 달리면서 많은 생각을 하지는 않는다. 조금 더 정확히 표현하자면, 생각을 정리하는 시간으로 달리기를 활용하는 경우는 드물다.

오히려 멍하니 주변만 보고 달릴 때 비워지는 그 가벼움이 새로운 에너지를 채우는 마중물이 될 때가 많다. 게다가 개인적으로는 생각을 정리하기에 달리기보다 커피가 더 효과적이기도 하다.

그래서 나는
머릿속을 비우고 싶을 땐
달리기를 하러 나가고,
실타래처럼 얽힌 생각에 교통정리가 필요할 땐
커피를 내린다.

반백 년 끌어안고 살다 보니

그 정도는 척하면 척이다.

자기통제

아침 달리기를 하게 될 전날 밤에는 일찍 잠자리에 드는 편이다. 하지만 아주 드물게 불면증으로 잠을 늦게 드는 경우가 있다. 이럴 때는 훈련 일정이 다소 꼬이더라도 맞춰 둔 알람을 꺼버리고 부담 없이 잠을 청한다.

나도 처음에는 크게 상관하지 않고 달렸는데, 수면의 질이 아침 운동 능력과 부상 예방에 미치는 영향은 생각보다 컸다. 잠을 잘 자지 못하고 뛰는 날에는 확실히 밸런스가 무너지는 느낌이다.

달리기를 포함해 운동하는 사람들이 건강한 진짜 이유는 아마 이런 데 있지 않을까 싶다.

자기통제

단지 운동을 통해서만 건강해졌다기보다, 그 운동을 잘 해 내기 위해 더 절제하고 관리하는 노력이 모여 몸과 마음의 균형을 맞춰 가는 모양이다.

숙제는 하기 싫어서

내가 가급적 아침에 달리는 이유.

저녁으로 '미루면'
달리기가 숙제가 되는 기분이라.

달디단 쓴 약

아내는 올해 처음 달리기를 시작해서 10km 마라톤을 세 번 완주했다. 속도는 매우 느린 데다가 한 번도 쉬지 않고서는 아직 그 거리를 달리지 못한다. 그래도 대회가 거듭될수록 걷는 시간은 많이 줄었고 기록도 조금씩 나아지는 중이다.

오늘 세 번째 대회를 마치고 들른 식당에서 식사를 하며 아내가 그러더라.

"오늘은 막판에 너무 힘들어서 이제 마라톤은 그만하겠다고 다짐했거든. 그런데 이렇게 맛있게 음식을 먹고 나니 이 맛에라도 다시 뛰어야 하나 싶네."

약은 쓰기만 한데 달리기는 쓰다가 달다가 그런다.
헷갈리게 한다. 사람을 변덕스럽게 만든다.

패셔니스타

운동복뿐 아니라 평상복 차림에서도 패션에 관한 관심과 감각 모두 엉망인지라, 달리기하러 나가면서 거울을 보는 일은 거의 없다. 그저 서랍을 열어 손에 닿는 대로 입고 나서는 게 다반사다.

덕분에 내 달리기 복장에 밸런스란 없다. 어느 날은 무지개가 떴나 착각할 만큼 오색찬란하고, 또 어느 날은 구름 낀 날씨만큼이나 흐리멍덩하다.

하지만 그런 근본 없는 색상이라도 운동복을 걸치고 나가면 이 중년의 아저씨도 제법 젊고 생기있게 보인다. 달리기 전에 이미 기분을 들뜨게 만드는 데는, 분명 의상도 한몫하는 것 같다.

달리기를 더 꾸준하게 그리고 더 즐겁게 만들 수만 있다면, 타인에게 불편함을 끼치지 않는 한, 중심이 아닌 것에 마음을 두는 것도 나는 좋다고 생각한다. 달리러 나가는 걸음이 가벼워 나쁠 건 없다.

내 무릎 연골, 괜찮을까?

인간의 무릎 연골 반감기가 100년이란다. 연골이 절반 닳는 데만도 100년이란 시간이 걸린단 얘기다.

관련 분야 전문가가 아니라서 얼마나 정확한 표현인지는 모르겠으나, 나는 위 설명의 핵심을 '연골은 우리가 생각하는 것만큼 쉽게 닳지 않는다'로 받아들였다.

연골을 포함한 우리의 무릎은 근육과 인대 그리고 힘줄과 같은 연합군이 함께 지켜준다. 그래서 '바르게' 달려준다면 튼튼해진 연합군 덕분에 나이가 들어 오히려 건강한 무릎을 기대할 수 있게 된다고 한다. 실제로 그런 어르신들도 많고.

엘리트 선수도 아닌데 몸까지 상해가며 운동할 필요야 있겠냐마는, 과도한 건강 염려증 혹은 그것을 핑계로 누워 있기만 한다면 연합군도 언제든 떠날 준비가 되어 있다.

달리기로 다이어트를

사실 나는 다이어트를 위해 달린 경우는 아니다. 키 177cm에 몸무게 69.5kg였으니 남자치고 무거운 편도 아니었다. 하지만 67kg 정도 유지할 때가 가장 편안했고 그 이상 올라가면 바지춤도 버거워졌다.

처음 달리기 시작할 당시에도 허리 34인치 바지가 작게 느껴졌고 이대로는 안 되겠다 싶었다. 경험적으로 복부 비만의 위험성을 잘 아는 편이다.

하지만 적극적으로 살을 빼려는 목적으로 달리지는 않았다. 그저 일단은 달리는 행위 자체에 습관을 들여보고 싶었다.

나는 대부분 공복에 달렸다.

여름에는 새벽 공복에,

겨울에는 점심 공복에.

운동 후에는 식사를 충분히 챙겨 먹었다.

먹고 싶은 건 다 먹었다.

첫 마라톤을 뛸 당시에는 66kg,

다음 해 두 번째 마라톤을 뛸 때는 62kg까지 빠졌다.

다시 말하지만,

살을 빼려고 달린 건 아니다.

달리다 보니 그렇게 빠진 예다.

얼마 전 30년 만에 30인치 바지를 사 입었다.

아주 편안하고 기분 좋게 잘 맞는다.

공복에 달리기

한 번에 30분 이상 달리기

주 3회 이상 달리기

도파민을 부르는 종합 비타민

* 건강한 식단과 충분한 수면
* 명상과 요가
* 음악 감상
* 창의적인 활동
* 사회적 교류
* 목표 설정 및 달성
* 햇빛 노출

도파민을 부르는 좋은 습관이라고 한다. 나이가 들며 그래도 하나씩은 나아지려 노력하지만, 당연히 한 번에 습관을 들이기는 쉽지 않다. 그나마 달리기가 종합 비타민 같은 역할을 하고 있어 '부족하겠지만' 일단 열심히 달려보는 중이다.

달리기의 세 가지 의외성

① 의외로 재밌다

　　경험의 문제: 어떤 경험을 하느냐에 따라 다르다

② 의외로 돈이 많이 든다

　　선택의 문제: 어떤 소비를 하느냐에 따라 다르다

③ 의외로 부상이 많다

　　관리의 문제: 어떤 습관을 들이냐에 따라 다르다

달리기에 관한 에피소드 대부분이

위 세 가지 중 하나인 이유.

나는 암 환자였다

2016년, 나는 암 환자였다.

당시 5년 만에 실시한 건강검진을 통해 위암을 진단받았다. 하늘이 노랗게 보인다는 게 어떤 느낌인지 살면서 그때 처음 경험했다.

이제 나이 사십을 갓 넘겼을 시점, 나는 여전히 하고 싶은 일들이 많았고 해보지 못한 일들은 더 많았으며 무엇보다 사랑하는 가족들이 곁에 있었다. 미안하고, 두려웠다.

한 달여의 검사와 복수의 대학병원 상담을 거쳐 바로 입원했고, 천만다행으로 위장의 3분의 2가량을 잘라내는 수술만으로 몸속 암세포를 모두 제거할 수 있었다.

나의 암 투병은 이렇게 17일간의 병원 생활과 함께 끝이 났다. 힘겨운 투병기라든지 달리기로 치유했다는 등의 드라마틱한 스토리는 일절 없다.

다만 그때 다짐한 게 하나 있다.

'지금 할 수 있는 건, 지금 하자.'

달리기는 그 다짐을 잊지 않게 해준다.

서두르지 않으려다 끝내 미루게 되는 일들이 있다. 하지만 누구도 내일을 약속해 줄 수 없다는 걸, 나는 오늘도 달리며 기억한다.

첫 번째 급수대

달리기 복용 시 주의 사항

1   식후 30분 뒤에 달리면 큰일 나요

2   공복에 과도한 복용은 금물이에요

3   술과 함께 복용하면 위험해요

4   중독에 유의해요

5   부작용 시 의사와 상의해요

6   충분한 수면을 취해요

7   사람마다 권장량이 달라요

8   혹한·혹서기에는 체온 유지에 신경 써요

9   충분한 물과 함께 복용해요

10   약국에서 찾지 말아요

2장
잘 달리고 싶다

인정욕구

달리기를 통해

나는 나를 인정하는 법을 배운다.

타인의 인정을 갈망하며

그것이 내 기대만큼 채워지지 않을 때

나는 세상에 서운하고 나에게 실망한다.

그러나 새벽 텅 빈 강변을 달리며,

남들은 관심 없는 소소한 성장에 기뻐하며,

나는 나를 인정하는 법을 배운다.

그러면서 생겨난 새로운 인정욕구.

'나는 나에게 인정받고 싶다'

작은 두 발로 큰 지구 밀어내기를
수천수만 번 반복하며
오늘도 나는 나를 인정하고 안아준다.

잘 달려가고 있다고.
잘 살아내고 있다고.

거리 두기

달리기를 잘하려다 보니

신경 써야 할 것들이 많더라.

덕분에 신경 쓰지 않아도 될 생각들과는

자연스럽게 멀어질 수 있었다.

꾸준히 달리려면

나처럼 본래 운동을 즐기지 않았거나 여러 가지 이유로 습관을 들이기 어려웠던 사람에겐 꾸준한 달리기를 위해 강력한 동기부여가 필요하다. 목표 같은 거 말이다.

누군가에게는 체중 관리가 또 누군가에게는 혈압이나 혈당 조절이 운동의 이유가 되듯, 나에게는 마라톤 대회가 달리기를 꾸준히 이어가게 하는 동기가 되었다.

궁극적으로는 이러한 동기 자체가 행위의 본질은 아닐 수 있겠지만, 그것을 통해 달리는 즐거움을 연장할 수 있다면 어느새 건강과 행복 같은 본질적 가치도 채워지리라 믿는다. 어떻게든 결국 끝까지 달리는 사람이 최후의 승자다.

'must'보다 'want'

나는 일차적으로는 건강을 지키기 위해 운동한다. 꼭, '그래야만 한다'.

「must」

원하는 수준의 건강 상태를 유지하기 위해 열심히 달려야 하고, 그러기 위해서는 먹고 자는 습관에도 신경을 써야 한다.

하지만 난 실제로 달리는 순간에 위와 같은 생각을 거의 하지 않는다. must가 현재 달리기의 이유가 돼버리면 내가 먼저 쉽게 지쳐버릴 것 같아서다.

대신 '내가 원하는 것'이 마음에 떠오르도록 놔둔다. 그저 오늘도 달리기를 원하고, 어제보다 잘 달리기를 원하며, 내일도 아프지 않고 달리기를 원할 뿐이다. 계절이 주는 냄새를 느끼길 원하고, 묵힌 감정을 날려버리고 싶어 달리기도 한다.

「want」

나는 내가 원하는 달리기를 할 때야말로 멈추지 않고 달릴 수 있다. 그래야 '반드시 해야만 하는 달리기'도 끝내 해낼 수 있을 거란 믿음이 있다.

어떤 공식

A가 (B+C)보다 크면 오늘의 달리기는 시작된다.

단, B=100C.

B가 C보다 백 배 이상의 가중치를 갖는다.

A: 달리기 기댓값

B: 내적 갈등(귀찮다, 덥다, 내일 뛰자…)

C: 환경적 요인(가정사, 업무, 건강…)

매일 달리지 않는다

나의 달리기 사이클은 시즌 6개월과 비시즌 6개월로 나눠진다. 특별한 경우가 아니라면 앞으로도 상하반기 각 1회의 풀코스 대회 완주를 목표로 하고 있고, 대회 직전 3개월 가량을 '시즌'으로 보고 준비한다. 자연스럽게 나머지 6개월이 '비시즌'에 해당한다.

부상이 없는 상태라는 전제하에 10km 조깅은 매일 달려도 지장 없을 정도까지 기초 체력은 잡힌 모양새다. 하지만 그럼에도 비시즌에는 하루걸러 달리기를 지향하고 시즌 중에도 주 2일은 반드시 쉰다.

매일 달리기를 하지 않는 가장 큰 이유는 역시나 회복 때문이다. 내가 20, 30대였거나 원래 운동을 자주 하던 사람이었다면 짧게라도 매일 달리기를 시도해 봤을지 모르겠다. 하지만 내가 아는 나는 여전히 약골이다.

잘 달려질 때 잘 관리해야 한다.
나는 평생 달리기를 이어가는 게 무엇보다도 중요하다.

달리기의 목적이 분명해야

"그날 달리기의 목적이 분명해야 합니다"

어느 달리기 코치의 조언이 기억에 남는다.

이후로 나는 달리기의 중요도와 상관없이 그날 달리기의 목적을 정해놓고 뛴다. 그 목적에 맞춰 페이스와 거리, 혹은 시간 등의 목표가 함께 따라온다. 조깅 페이스로 몇 km를 뛰겠다든지, 혹은 최저 페이스 얼마에서 최고 페이스 얼마까지 올리며 10km 빌드업 달리기를 하겠다든지, zone 2 심박수로 한 시간을 달리겠다든지 하는 식이다. 특별히 컨디션에 문제가 있는 게 아니라면 거의 그대로 완주하려고 한다.

운동할 시간과 체력은 한정돼 있고, 그렇다면 한 번의 달리기에도 의미가 담겨야 특히 대회를 준비하는 초보자로서는 에너지를 허투루 쓰지 않는다.

나의 계절별 달리기

여름 심폐기능 강화
가을 속도 향상
겨울 거리 향상
봄 기초 체력 강화

계절마다 달리지 않으면
놓치기 쉬운 것들.

발소리 변화

과거　쿵쿵쿵쿵
현재　텅텅텅텅
미래　착착착착

글로 설명하려니 힘드네.

Do you understand?

달리기에서 10km가 주는 의미

* 초보 러너로서의 한 단계 성장을 의미하는 첫 장거리. 중급 러너로 나아가는 분기점.

* 지속적인 성장에 필요한 기초 역량. 자산으로 치자면 일종의 종잣돈.

* 대부분의 마라톤 기본 종목. 10km를 뛸 수 있으면 나가지 못할 대회가 거의 없음.

* 하프 이상의 대회 준비를 위한 기본 훈련 거리.

* 풀코스 기록 달성의 척도.

* 대부분의 페이스에서 훈련 효과가 뛰어난 마법의 거리.

나의 달리기에 새로운 레시피가 필요할 때

새로운 장소.

새로운 속도.

새로운 거리.

새로운 배움.

새로운 음악.

새로운 시작.

새로운 사람.

조깅으로 달리기 리듬 찾기

2(코 들숨) x 2(입 날숨)

평균 케이던스 170spm~180spm의 내가 달릴 때 사용하는 호흡 리듬이다.

호흡을 발자국 리듬, 즉 케이던스에 맞추기 때문에 페이스는 거의 영향을 미치지 않고 다만 페이스에 따라 들숨 날숨의 양$_{量}$에는 차이가 발생한다.

올봄부터 케이던스를 일정하게 가져가기 시작하면서 호흡과 달리기 리듬을 유지하는데 훨씬 수월해졌다.

거리에 따른 나의 여름철 조깅 준비

10km 이내

공복, 물, 이온 음료, 손수건

하프

공복, 물, 이온 음료, 손수건,
에너지 젤 한 개, 식염 포도당 두 알

30km 이상

바나나 한 개, 물, 이온 음료, 손수건,
에너지 젤 세 개, 식염 포도당 네 알, 크림빵 한 개

250ml

여름철 10km를 달릴 때 내가 지참하는 물의 양이다.

다른 계절엔 무급수로 15km 정도는 달리는데, 땀을 많이 흘리는 여름에는 언제나 이 정도의 물은 준비해 달린다. 대회처럼 5km마다 마시고 보통 50ml 이상은 남긴다.

사실 250ml의 물이 내게 주는 의미는 이보다 크다.

나는 두 번째 마라톤 때 하프까지 마실 용도로 동일한 양의 물을 러닝 벨트에 넣어 달렸다. 첫 마라톤을 떠올려 보면 생각보다 초반 병목현상이 심했고, 특히 복잡한 급수대한 번 거쳐 갈 때마다 꽤 많은 에너지를 소모했다. 그래서 그다음 대회 때 250ml 플라스크 하나를 채워 달려본 건데 결과적으로 굉장히 만족스러운 테스트였다. 물론 다음 대회도 동일하게 준비할 예정이다.

기후나 거리 등에 따라 적정 급수량을 평소 훈련 가운데서 파악해 두는 건 여러모로 유리하다. 천하의 킵초게도 2024 파리 올림픽에서 옆구리 부여잡고 뛰는 마당에, 내가 어느 것 하나 자신하며 달릴 처지는 아니다.

같은 날 목격한 두 러너의 착지

러너 A

상체부터 제법 흔들리는 주자가 옆을 지나간다. 그런데 잘 모르는 내가 봐도 발목이 안쪽으로 많이 꺾인다.

'저렇게 달리면 굉장히 아플 것 같은데…'

그나마 본인이 인지하고 있다면 다행이고, 모르고 뛰는 중이라면 가까이에 얘기해 줄 사람이 있으면 좋겠다.

러너 B

정직한 포어풋^{forefoot}을 구사하는 러너였다. 달리기를 시작한 이래로 아예 발 앞부분만 땅에 닿는 착지는 처음 봤다. 다만 본인이 많이 힘들어하고 있었다. 페이스가 느린 건 차치하고 체력이나 하체 근력 모두 많이 부족해 보였다.

'종아리에 곧 쥐가 올라올 텐데…'

그렇게 달리는 나름의 이유가 있겠으나 보는 사람은 아슬아슬하다. 주제넘게 마음이 좋지 않다.

나는 괜찮으니, 주로에서 누구든 내게서 위험한 달리기를 목격한다면 편하게 말씀 주시길. 그렇게 계속 달리면 큰일 난다고.

트레드밀 위에서

팔자걸음 신경 쓰고,
점핑하며 탄력과 발 구름 살리고,
무릎 간격은 너무 붙지 않게,
발목 힘은 빼고.

내게 트레드밀 달리기는 정면 거울을 통해 달리는 모습을 점검할 수 있는 유일한 시간이다.

심박수, 가을이면 무조건 낮아진다

나 역시 심박수가 점차 올라가는 걸 경험하기는 이번 여름이 처음이다. 작년엔 이미 한창 더울 때부터 뛴 것도 있고, 달리기를 막 시작했을 때라 애초에 심박수 자체가 높았다. 그러다가 9월 중순을 넘어가면서 심박수가 조금씩 낮아지는 걸 경험했다. 11월 대회를 뛸 즈음 되니, 동일한 페이스에서 평균 심박수가 10~15bpm 정도 낮아졌고 몸도 함께 가벼워지는 걸 느꼈다.

한여름 높은 기온과 습도는 확실히 러너를 쉽게 지치게 만들고, 이는 달리기를 멀리하는 명분이 된다. 하지만 심박수는 계절뿐 아니라 평소 훈련을 통한 근력 향상이나 체중 변화 등 다른 요인의 영향도 많이 받는다. 건강을 살피면서도 꾸준히 달려야 하는 이유다.

'땀은 배신하지 않는다'라는 말을 가장 직관적으로 느끼기에 여름보다 좋은 계절은 없다. 농부가 밭에 씨를 뿌리듯, 러너는 땅에 땀을 뿌리는 계절이다.

가을이면 무조건 빨라진다.

180bpm

경우를 막론하고

내가 달리기를 멈추는 심박수다.

나의 최대 심박수는 183bpm이고

시계에 그 숫자가 표시되면

더 생각할 것 없이

운동을 마무리한다.

실제로 심박수가

이 수치까지 올라가는 일은 드물지만,

인터벌이나 빠른 지속주 훈련을 할 때는

수시로 살피며 심박수가 넘어서지 않는지 확인한다.

고집

자존심

무모함

달리기 중에는

이 세 가지를 아예 지워버린다.

주로에서는

누가 나 대신 달려줄 수 없듯

누가 나 대신 내 몸을 지켜주지도 않는다.

힘들 때 심호흡 몇 번이면 5km는 더 간다

지금까지도 자주 하는 실수지만, 특히 장거리 달리기는 힘으로만 달리면 얼마 가지 못해 지쳐버린다. 힘이 없어서가 아니라 오히려 힘이 넘쳐 그런 것을, 경험이 부족할수록 애꿎은 다리만 탓한다.

잘 달리는 선배들은 '리듬'을 이야기한다. 당연히 온몸이 어우러져 일정한 리듬을 타야겠지만, 나의 경우엔 호흡이 리듬을 잡는 데 큰 영향을 미친다. 마치 호흡이 전체 달리기를 지휘하듯 말이다.

10km 이상을 달리다 보면 잘 유지되던 호흡도 곧잘 흔들리곤 한다. 그러면 갑자기 남은 거리가 부담스러워지고 다리는 무거워진다. 멈출 수 없다면 결국 달리면서 이 문제를 해결해야 하는데, 이때 내가 가장 효과를 본 방법이 두

세 번의 심호흡과 어깨 털기다.

무엇보다 깊은 호흡은 심박수를 다시 안정화하여 달리는 중에라도 몸이 회복될 수 있도록 돕는다. 그만큼 더 달릴 수 있게 된다.

잘못된 호흡은 빨리 바로잡아야 한다. 그렇지 않으면 모든 리듬이 엉망이 된다.

길 조심

* **자전거 또는 차량 겸용 도로**　귀를 막은 이어폰
* **비포장도로**　신발 속으로 들어오는 돌
* **보행자 도로**　노약자 또는 강아지
* **과속방지턱 등 요철**　발목 꺾임
* **빗길 또는 눈길**　미끄러짐
* **아스팔트**　경사진 가장자리
* **보도블록**　고르지 않은 노면
* **트랙**　급격한 코너 회전
* **나무데크**　파손 부위
* **오르막길**　보폭
* **내리막길**　발 브레이크
* **산길**　시선
* **빙판길**　달리기 절대 금지

공부와 달리기의 공통점

* 설득해서 될 일이 아니다
* 앞뒤에 항상 누군가가 있다
* 요령도 필요하다
* 배움과 깨달음의 연속이다
* 무리하면 피곤하다
* 휴식은 필수다
* 깊어질수록 더 알고 싶어진다
* 끝이 없다
* 습관이 중요하다
* 최대 수혜자는 나 자신이다

폼롤러

평소 입에 욕설을 올리지 않는다.

운전도 제법 점잖다.

그런데 녀석만 만나면 욕이 안 나올 수가 없다.

아, &x%$#x@#$%

중둔근

달리기는 잘하고 싶고, 근육은 딸리고, 마음은 급하고. 이럴 때 가장 먼저 단련해야 할 부분이 엉덩이 특히 중둔근이라고 한다.

많은 운동에서 가장 중요하게 여기는 신체 부위가 코어인데 이건 달리기도 마찬가지다. 허리, 아랫배, 그리고 엉덩이가 강화되어야 그 아래인 고관절, 허벅지, 종아리, 발목 등의 하체 부상 위험을 줄일 수 있다.

나야말로 근육이라곤 찾아볼 수 없는 비루한 몸뚱어리를 가지고 있지만, 6개월 이상 달리다 보니 종아리와 허벅지 근육은 서서히 강화되는 게 보이더라. 일단 풀코스 마라톤을 뛰고도 근육통은 거의 없었다.

하지만 이렇게 달리는 것만으로도 필요한 근육이 발달하는 하체와 달리, 중둔근은 유튜브 등을 뒤져가며 부지런히 배우고 따라 해야 했다.

중둔근 운동 수개월째. 여전히 어설픈 자세를 벗어나고 있진 못하지만, 확실히 예전보다는 고관절의 가동 범위가 넓어지고 탄성도 나아진 느낌이다.

내 안에 숨겨진 생수병을 찾아서

주변에서 쉽게 볼 수 있는 생수 2L의 무게가 약 2kg이다.

첫 마라톤을 준비하며 한 병의 무게를 뺐고, 두 번째 마라톤을 준비하며 세 병의 무게를 더 뺐다. 두 대회를 전혀 다른 사람이 질주한 셈이다.

2L 생수 한 병 가슴에 끌어안고 달려보면 안다. 내가 지금 얼마나 무겁게 달리고 있는지 말이다. 특히 기록 욕심이 있거나 부상 없이 더 편안한 달리기를 원하는 사람에게, 적당한 체중 조절은 카본화나 그 어떤 포인트 훈련보다도 우선되며 효과적일 수 있다. 넘치는 걸 조금만이라도 덜어낼 수 있다면 장거리 달리기는 그만큼 더 수월해진다.

운동부하검사

병원에서 준 상의만 갈아입고 검사를 진행했다. 나는 편한 반바지를 입고 갔다. 가슴에는 검사를 위한 장비를 잔뜩 부착했고, 한 쪽 팔에는 혈압계도 감았다. 이후 신발을 벗고 양말만 신은 채 트레드밀에 올랐다. 여기까지 준비하는데 약 10분가량 소요됐다.

3분씩 총 4단계의 부하(속도&경사도)가 부여되고 걷거나 달리면 된다. 나는 4단계에서만 가볍게 뛰었다. 힘들면 중간에 멈출 수도 있고, 그에 맞춘 결과가 나온다.

추가 정보를 볼 수 없었지만, 마지막 4단계도 6:00/km 페이스까지는 가지 않았던 것 같다. 다만 1단계에서부터 경사도가 중간 정도로 시작하더니 4단계에 이르러서는 가장 급격한 기울기가 느껴졌다.

트레드밀 검사가 끝나면 8분간 의자에 앉아 쉬면서 호흡을 고른다. 여기까지도 모니터링은 계속된다.

다행히 '검사상' 발견된 문제는 없단다.
앞으로도 지구 한 바퀴는 더 달려볼 수 있겠다.

TV 시청 중입니다만

폼롤러로 종아리 쓱쓱.
로션 파스로 발목 문질 문질.
아이스팩으로 무릎이 얼얼.
마사지 볼로 엉덩이 꾹꾹.
마사지 건으로 발바닥 다다다다.

주치의

달리기를 시작한 이후 자잘한 부상들을 겪으며 여러 병원을 거쳤다. 그리고 현재는 A 병원을 주로 왕래하는 중이다. 다른 병원들에서도 많은 도움을 받았지만, 그럼에도 내가 이곳에 정착한 이유는 치료 효과 외에 중요한 이유 하나가 더 있다.

내가 다녀간 병원 대부분의 최종 진단은 '달리기하지 말라'는 거였다. 특히 마라톤에 대한 의사들의 부정적 인식은 생각보다 컸다. 오랜만에 다시 통증이 생겨 방문하면 원장 눈에서는 '거 봐라, 내가 뭐라고 했냐?'는 표정이 쉽게 드러날 정도였다.

하지만 A 병원 의사는 달랐다.

그동안 어떤 속도로 얼마나 달렸는지, 어느 시점부터 통증이 시작되는지 다른 병원에서는 묻지 않는 것들을 물었다. 의사는 어떤 치료가 더 효과 있을지 매번 고민했고, 대회 일정을 확인해 가며 주의해야 할 것들을 조언해 주었다.

부상에선 거의 벗어났지만, 나는 지금도 회복과 재발 방지 차원에서 종종 A 병원을 찾는다. 그리고 의사는 오늘도 내 달리기에 관한 질문으로 치료를 시작한다.

슈퍼맨

어느 날 신께서 달리기에 필요한 능력 하나를 주겠다 하시면, 나는 1초의 고민도 없이 '빠른 회복력'을 달라 하겠다. 강철같은 다리나 무한한 폐활량을 달라고 할 수도 있겠지만 슈퍼맨의 달리기가 재미있을 리 없다.

회복력은 좀 다르다.

지쳐도 금세 달릴 수 있고, 조금 아파도 곧장 나을 수 있다면 아침이고 저녁이고 땀 흘리며 더 부지런히 달려볼 수 있을 텐데 하는 아쉬움이 있다.

물론 신께서 내게 그런 호의를 베풀 리도 없고, 그렇다고 갑자기 10대의 회복력으로 돌아갈 일도 없다. 그러면 결국 내가 할 수 있는 건, 남은 인생 가장 젊은 날을 살아가는 지금, 무의미한 곳에 에너지를 쏟는 대신 힘을 아껴 열심히 달리는 것뿐이다.

혹시 또 모를 일이다.
이러다 정말 슈퍼맨이 될 수 있을지도.

초보 러너의 졸업 조건

* 자아와 애써 씨름하지 않고서도 '달리기나 좀 하고 올까?' 하며 무심히 뛰고 올 수 있을 때

* 언제 조깅을 해도 몸이 힘들지 않을 만큼 습관으로 자리 잡았을 때

* 현재 내가 달리는 자세를 타인이 봐주듯 정확히 이해하여 스스로 문제점을 파악할 수 있을 때

* 시계를 보지 않아도 대략적인 페이스와 심박수 등을 충분히 예상하며 달릴 수 있을 때

* 몸에 힘이 들어가지 않아도 자세와 호흡이 흐트러지지 않은 채 일정한 리듬을 유지할 수 있을 때

* 달리기에 관한 한 궁금한 것보다 소개하고 싶은 경험이 많아질 때

* 달리기를 취미라고 소개하는 나 자신이 더 이상 어색하지 않을 때

* 언제 휴식하고 언제 멈춰야 하는지 알고 있을 때

* 부상의 원인을 스스로 짐작할 수 있을 때

* 과거의 경험에 머무르지 않고 현재도 여전히 달리기를 즐기고 있을 때

아무튼 나는 아직 밀있다.

잘 달리고 싶다면

잘 달리고 싶다면 잘 살아야 한다. 그저 기분에 따라 가볍게 달리는 것을 넘어, 더 제대로 달리고 싶은 욕심이 있다면 그만큼 일상을 잘 살아내야 한다.

술·담배와 간식을 줄이고 식사도 잘 챙겨 먹어야 하며 수면 시간을 최대한 규칙적으로 지켜나가야 한다. 부지런히 움직여 좀 더 달려야 하는 건 기본이고, 그러기 위해서는 불필요한 곳에 쓰는 에너지도 줄여야 한다.

달리기로 일상이 바뀌었다는 사람들이 있다. 하지만 조금 더 가까이 들여다보면, 삶의 변화를 향한 강한 의지가 오히려 그들의 달리기를 풍성하게 만들었음을 어렵지 않게 알 수 있다.

두 번째 급수대

러너의 짜증

1   신발 끈 다 묶었는데 방에 핸드폰을 두고 왔다

2   운동장 나와서 보니 손목에 시계가 없다

3   한참 달리는 중인데 급x이 마렵다

4   회복된 부위에 다시 통증이 올라온다

5   알람 몇 번을 끄다 결국 못 일어났다

6   LSD 중에 어느 한 곳이 계속 불편하다

7   새 러닝화 신고식 했는데 달려보니 안 맞는다

8   다 뛰고 확인하니 시계를 누르지 않았다

잊힐만하면 반복된다는 게 가장 큰 짜증.

3장
달리기 중독

달리기가 대체 뭐길래

Q 달리기가 그렇게 진지할 일이야?

A 그렇지.
달리기가 진지할 필요는 없지.
이제 와서 엘리트 선수를 할 것도 아니고.

Q 그런데 왜 그렇게 달리기에 진심이야?

A 진심?
글쎄, 내가 진심으로 달리기를 좋아하는지는
솔직히 잘 모르겠어.
하지만 나의 달리기가 진심으로 비쳤다면,
그건 아마도 여전히 내 속마음이
들키지 않아서일 거야.

나는 여전히 달리러 나가는 게 귀찮고
궂은 날씨에 달리는 건 언제나 고민이거든.
나도 달리는 것보단 누워서 쉬는 게 더 좋고
숨찬 것보단 맛있는 거 먹으면서
핸드폰 들여다보는 게 더 좋아.

Q 그런데 왜…?

A 그런데 왜 달리냐고?
나도 진지하게 좋아하는 무언가 하나쯤 있어 보니
썩 나쁘지 않더라고.

그동안 내가 좋아했던 습관들 대부분이
시간과 함께 흘러가 사라지는 느낌이었다면,
달리기는 내가 보고 싶어 했던
내 모습을 보여주는 거 같아.

Q 그래서 계속 달리게?

A 나도 몰라.

하지만 한 가지는 분명히 알겠어.

지금 달리기를 만난 건 내게 엄청난 행운이란걸.

나한테 너무 미안할 것 같아서

그리 좋아하지 않는 일도
영혼까지 갈아 넣어가며
최선을 다하는 경우가 많은데,
기껏 달리기 하나 좋아하면서
그마저 '대충'에 익숙해져 버리면
나한테 좀 미안할 것 같다.

즐기자고 하는 운동이지만
이 또한 내 삶의 일부라 생각하고
마음을 쏟는 이유다.

애주가愛走家의 기도

오늘도 달리지 않을 이유보다
달릴 이유를 먼저 보여주소서.

원하는 모습대로 달리지 못하더라도
즐거움을 잃지 않게 하시고,
오늘 잠시 멈출지언정
내일은 멈추지 않게 힘을 주소서.

비가 오면 비를 맞게 하시고
눈이 오면 눈을 맞게 하시되,
달려 나가는 그 길에
넘어짐이 없도록 인도하소서.

길이 아닌 곳에서는
눈을 밝게 하시고,
빛이 없는 시간에는
길을 밝혀 드러내소서.

하늘을 지붕 삼고 땅을 벗 삼아
혼자가 아니게 하시고,
고요함 속에 달리는 길에서도
외롭지 않게 곁에서 함께하소서.

오늘도 달리지 않을 이유보다
달릴 이유를 먼저 보여주소서.

어디로 가야 하죠

술이나 약물에 중독되면 병원을 갈 텐데
달리기에 중독되면 어디로 가야 할까.

사랑과 달리기의 공통점

* 좋아하면 계속 생각난다
* 포기해야 할 것들이 생긴다
* 페이스가 중요하다
* 변화가 필요한 순간이 있다
* 금방 끝나기도, 평생 함께하기도 한다
* 언제나 좋기만 한 건 아니다
* 확인하고 싶을 때가 있다
* 다른 사람 걸 욕심내면 탈 난다
* 사람마다 정의가 다르다
* 가끔은, 아프다

달리기는 잘못이 없다

이렇게 재밌는 달리기를

왜 우리 어른들과 선배들은

벌칙으로만 주셨을까.

기록 도파민

달리기는 아마추어가 할 수 있는 운동 중 드물게 기록 측정이 가능한 종목이다. 비슷하게는 수영과 자전거가 있지만 달리기에 비해 공간과 장비 등의 제약이 있어 상대적으로 입문자에게 부담되는 게 현실이다.

달리기는 내 몸에 스마트 기기 하나만 있으면 그날의 성과를 쉽게 확인할 수 있다. 속도는 기본이고 거리, 페이스, 케이던스, 심박수 등을 실시간으로 보여준다.

이는 특히 초보자에게 달리기를 대단히 매력적으로 보이게끔 한다. 객관적 수치를 통해 나의 성장을 직관적으로 확인할 수 있기 때문이다. 마치 게임에서 레벨 업 되는 것과 같은 흥분을 유발한다. 그렇게 어제의 나와 경쟁하는 재미에 푹 빠져들도록 만든다.

달리기의 맛

나는 술을 거의 즐기지 않는다. 일단 맛이 없다. 소위 말하는 '술맛'도 모르는 재미없는 인사다. 그런데 달리기를 즐기게 되면서 술을 멀리하게 됐다는 사람들이 심심치 않게 보인다. 달리는 맛을 넘어 그 맛에 취해버린 사람들이다.

달리기를 한 번 맛보면 그 맛에 취하는 건 순식간이다. 기분 좋은 일이 있어도 달리고, 가슴 답답한 하루를 살고서도 달리러 나간다. 맛은 달라도 그렇게 즐기고 그렇게 푸는 것이 흡사 술과 같다.

오늘은 어디서 날릴까, 오늘은 누구와 달릴까, 오늘은 어떤 페이스로 달릴까. 틈만 나면 달릴 궁리다. 이 또한 술과 닮았다.

러닝 변태

* 멍든 발톱을 보며 자아도취에 빠진다
* 심장 터지는 질주 후 미소가 만연하다
* 비가 내리면 러닝화부터 꺼낸다
* 폼롤러로 카타르시스를 느낀다
* 마라톤 접수창 앞에서 강한 흥분이 관찰된다
* 러닝화 리뷰 영상을 보며 침을 흘린다
* 파스 냄새에 남다른 애착을 보인다
* 몸이 땀에 젖어 들수록 희열감이 차오른다
* 다른 러너를 보는 것만으로도 심박수가 올라간다
* 마라톤 중계를 시청하며 도파민을 내뿜는다

설계

원래 신발을 잘 사지 않는다. 특히 운동화는 몇 년에 한 켤레 장만하는 편이다. 그마저도 십만 원 이내라는 나름의 한계선을 정해놓고.

달리기 입문 직후 십 개월간 수십만 원짜리 러닝화 다섯 켤레를 사들였다. 원래 일곱 켤레였다가 그나마 두 켤레는 중고로 내보낸 터다. 달리기를 시작하기 전의 나였다면 어김없이 미친놈이라 했을 행태다.

첫 대회는 한 켤레로 훈련까지 모두 소화했다. 하지만 이후 본격적으로 달리기에 빠지기 시작하면서 가장 먼저 신발에 욕심이 생기더라. 유튜브나 달리기 카페에 들어가 정보를 찾다 보니 나는 아무것도 아니란 걸 깨달았다. 달리기 중독과 신발 중독은 대체로 함께 오는 경우가 많았다.

개중에는 달리기보다 신발에 더 깊이 빠진 사람들도 적잖이 보였다.

슬슬 아내의 눈치를 살피기 시작했다. 앞으로도 좋은 러닝화 출시가 줄줄이 예정되어 있는데 이를 어쩌나.

아내에게 러닝화를 선물했다. 달리기의 세계로 친절히 안내했고, 고맙게도 아내는 동참해 주었다. 이로써 심리적 저항선 하나가 사라졌다.

자랑 좀 하고 갈게요

흙 묻은 러닝화와

땀 젖은 운동복이

오늘도 내게는 명품이고 자랑이다.

미친 x

여름엔 그 더위에 뛴다고 미친놈 소리 듣고
겨울엔 그 추위에 뛴다고 미친놈 소리 듣는 게
동네 러너다.

즐겁지 아니한가?
오랜만에 뭔가에 미쳐 본다는 게.

위안

무의미한 하루를 산 것 같은 날에도
짧은 거리나마 후다닥 뛰고 오면,
그래도 유의미한 일 하나쯤은 해낸 것 같아
마음이 한결 편안해진다.

아침 5시 30분, 잠수교

이미 개인뿐 아니라 몇 개의 크루가 나보다 먼저 달리고 있었다. 아마 한 시간쯤 후에는 비 소식이 있어 평소보다 조금 일찍 나온 사람들도 있어 보인다.

잠수교는 서울 안에서도 독특한 매력을 가진 주로다. 강한 볕과 비를 어느 정도 막아주고, 편도 1km 거리가 나오는지라 거리를 짐작하기에도 좋다. 무엇보다 가운데 「낙타봉」이라 불리는 언덕이 있어 가벼운 업힐 훈련을 하기에도 제격이다.

다만 여름 저녁에는 이 길에서 달리는 게 만만치 않다. 반포대교에서 쏟아지는 폭포를 배경으로 시민과 관광객들이 가득한 데다가, 무더위를 피해 달리러 나온 러너도 아침 시간보다는 훨씬 많기 때문이다.

그래서 오늘도 난 이 시간을 선택했다.

잠수교를 지나는 버스에는 이른 출근 중인 직장인들이, 보행자 도로에는 고요한 산책을 즐기러 나온 주민들이, 자전거 도로에는 또 다른 땀을 흘리러 나온 라이더들이 이 널따란 공간을 평화롭게 공유한다.

다시 여름이다.

아는 사람만 아는 그 행복

달리기 후
시원한 맥주 한 잔,
얼음 가득 아이스 아메리카노와 달달한 디저트,
그리고 가끔 치킨 한 마리.

나는 찬성!

여름 한가운데서

천천히 달리는데도 심박수는 150bpm을 넘어 160bpm 마저 뚫을 기세다. 최대 심박수까지는 아직 여유가 있다지만, 이제 막 출발한 것치고는 확실히 부담스러운 수치다. 조금만 속도를 높여도 170bpm을 넘어서는 일이 흔하디 흔하다.

얼마 전까지 트레드밀에 올라갈 때는 작은 손수건 한 장으로 충분했는데, 요즘은 세수 타월 정도는 갖추고 올라가야 민폐를 끼치지 않는다. 땀이 많지 않은 체질임에도 상의는 3km에 이르기 전에 흠뻑 젖어버리고 구레나룻에서는 땀이 주르륵 흐른다.

이놈의 모자는 쓸지 말지 달릴 때마다 고민이다. 쓰자니 덥고, 안 쓰자니 얼굴이 걱정이다. 선크림은, 하-.

시계도, 팔 토시도, 고글도 지금은 모든 걸치는 것들이 거추장스럽기만 하다. 하지만 어느 것 하나 선뜻 빼놓기가 더 어려운 계절이다.

걱정보다는 잘 달리고 있고
기대보다는 성과가 뚜렷하지 않다.

오늘도 나는
여름의 한가운데를 달리는 중이다.

그럼에도 여름 달리기가 낫다

여름엔 그냥 벗고 나가서
에라 모르겠다 하고
뛰고 난 뒤 씻으면 그만이지만,

겨울엔 옷 선택도 애매하고
모른 척하고 달리기엔 너무 추운 데다가
무엇보다 부상에도 취약하다.

여름 날씨는 달리는 게 부담스러운 정도라면
겨울 날씨는 집 밖 나가기부터 주저하게 만든다.

여름을 아름답게만 기억하고 있을 내 망각이
벌써부터 눈에 훤하다.

러너의 계절

비 그친 주로에는 짙은 풀 내음이 올라온다.
마침 비가 멈추기를 기다렸다 달리러 나온
동네 러너의 콧속을 깊이 자극하며
들숨과 날숨의 리듬을 맞춘다.

이른 아침 매미는
러너보다 먼저 운동장을 깨운다.
자신이 낼 수 있는 최대치의 데시벨을 자랑하며
계절의 주인이 누구인지 제법 엄하게 알린다.

러너의 눈에만 보이는 발자국이,
러너의 귀에만 들리는 함성이 있다.
지난 저녁 가득 메웠을 수많은 달림이의 여운이
밤새 퍼부은 빗줄기에도 씻겨 내려가지 않았다.

여름만큼 러너를 흥분시키는 계절은 없다.
심장 소리는 훨씬 더 가까이서 들리고
물과 땀으로 흠뻑 젖은 운동복은
구석에 던져진 성취감마저 끌어모은다.

봄가을이 러닝의 계절이라면
여름은 단연코 러너의 계절이다.

트랙 달리기

함께 달리는 것 같지만
혼자 달리는 중이고,

멀리 온 것 같지만
늘 근처에 머물러 있고,

누가 앞서고
누가 뒤서는지
도통 알 길이 없다.

한 번의 달리기

한 번의 달리기를 했기 때문에
파란 하늘도 한 번 더 볼 수 있었고,
한 번의 달리기를 했기 때문에
반짝이는 윤슬도 한 번 더 볼 수 있었다.

짙은 저녁노을도,
옅은 새벽이슬도,

누군가는 잊고 살아가는 세상이며
누군가는 있는지조차 모른 채 지나가는 시간이고
또 누군가에게는 간절한 소원이기도 하다.

한 번의 달리기.
오늘 내가 모른 척한, 바로 그 달리기다.

이미 멀리 와버렸다

달리기는 살짝 손만 내밀었을 뿐인데
겁 없이 그 손을 잡아당긴 건 나였다.

생각보다 너무 멀리 와버렸음을 깨달았을 때
이미 나는 마라톤 완주 메달을 목에 건 채
환한 미소로 인증샷을 남기고 있었다.

이쯤에서 그만둘 수 있는 사람,
많지 않다.

꿈을 꾸다

주변에서 '농담 삼아' 웃으며 말한다. 이러다 보스턴 마라톤이라도 가는 거 아니냐고.

"응, 안 그래도 지금 준비 중이에요."

상대의 말문이 막히며 눈은 커진다. 아직 꿈을 이룬 것도 아닌데, 꿈을 꾸는 것만으로도 사람들은 놀란다.

진지하게 품은 꿈은 그렇다.
끝이 아닌 시작에서부터 이미 박동한다.

이제라도 전하는 인사

이제 와서 보니
운동을 추천하고
함께하자고 권유하던 이들이
좋은 사람들이었다.

아무런 유익이 없음에도
본인들의 경험을 기꺼이 나눠주고
나의 건강을 염려해 주던
좋은 사람들이었다.

미안합니다.
그때는 몰랐습니다.

세 번째 급수대

오늘의 달리기 장르

1	스킵 동작	「코미디」
2	어깨치기	「액션」
3	트랙 역주행	「공포」
4	날뛰는 심장	「멜로」
5	상의 탈의	「19금」
6	지렁이 사체	「스릴러」
7	에너지 젤	「판타지」
8	카본화	「SF」
9	방귀 냄새	「범죄 추리」
10	나 홀로 이어폰	「뮤직비디오」
11	줄지 않는 체중	「미스터리」
12	급x	「다큐멘터리」

4장
다들 어디에 있다가 나온 걸까

핫플레이스

운동장 경계선 역할이나 하던 트랙이,
지금은 사람 발자국 가장 많이 남는
핫플레이스가 되었다.

트랙에서 만나자는
약속을 하게 될 날이 올 줄이야.

지하철 러너 감별사

러닝화.
스마트 워치.
마라톤 티셔츠.

맞은편에 앉아 있는 사내는
러너임이 분명하다.

숨은 러너 찾기

내 주변에서는

달리는 사람을 좀처럼 찾기 힘들다.

그런데 대회를 나가보면

오직 달리기를 위해

새벽부터 쏟아져 나온 사람만

수만 명이다.

다들 어디에 있다가 나온 걸까?

why run?

잠시나마,

내가 달려야 할 이유를

어렵게 손꼽아 보던 때가 있었다.

지금은

피드^{feed}를 열 때마다

그 이유 하나씩 적힌 모래를

한 줌은 집어 드는 느낌이다.

모두가 내 것은 아니라지만

넓어진 백사장 모래는 봐도 봐도 반갑다.

지금 달리기는 '확산' 중

농도가 짙은 영역에서 낮은 영역으로 물질이 이동하는 것을 흔히 '확산'이라고 한다.

달리기를 즐기는 이유야 사람마다 다를 수 있지만, 그 인구의 증가세는 대표적인 확산 현상으로 볼 수도 있겠다. 평생 뛰어 볼 생각조차 하지 않았던 거리를 뛰어 내는 사람들이 주변에 보이기 시작하면서, 처음에는 대단하다 정도의 감흥으로 끝나던 남의 일이 점차 '어쩌면 나도?'라는 호기심과 함께 나의 일로 치환된다. 물론 그 와중에는 적극적으로 달리기를 권하는 열혈 러너들의 역할도 무시할 수 없다.

「확산」

달리기의 짙은 농도를 경험한 개인이 늘어나고 집단의 달리기 농도가 함께 짙어지면서, 달리기에 있어서는 낮은 농도를 유지하던 사회 구성원들에게 그 에너지가 빠르게 퍼지는 중이다.

야, 너도 달릴 수 있어!

유행을 넘어
문화로 정착할 가능성이 큰 이유 5S

S1 「성별」에 따른 선호도 차이가 크지 않다.
특정 성별의 쏠림 현상이 거의 없다.

S2 「세대」에 따른 선호도 차이가 크지 않다.
젊은 세대와 중장년 세대 모두에서 사랑받는다.

S3 「성향」에 따른 선호도 차이가 크지 않다.
즐기는 방법에 차이가 있을 순 있어도 MBTI 등은 별로 중요하지 않다.

S4 「실력」에 따른 선호도 자이가 크지 않다.
진입 장벽이 낮고 초보자나 중급자나 각자의 스타일로 즐기는 게 가능하다.

S5 「소득」에 따른 선호도 차이가 크지 않다.

부^{富}나 빈^{貧}을 상징하지 않는 매우 보편적인 종목이다.

성별

세대

성향

실력

소득

달리기에 '차이'는 중요하지 않다.

그 사람과 30분 천천히 달려보면 알게 되는 것들

속도를 맞춰주는 배려가 있는 사람인지,

땀을 흘리면서도 미소를 잃지 않는 사람인지,

괜찮냐 묻는 다정함을 지닌 사람인지,

함께 있는 그 시간에 집중하는 사람인지,

바람 소리 새소리를 들을 수 있는 사람인지,

수다스럽지 않아도 편안한 사람인지,

칭찬과 응원에 인색하지 않은 사람인지,

평소 자신의 몸을 아끼며 사는 사람인지,

자기 자랑에 시간 가는 줄 모르는 사람은 아닌지.

인연

요즘 젊은 사람들 가운데는 함께 달리며 연인으로 이어지는 경우도 꽤 있나 보더라. 달리기뿐 아니라 같은 취미를 공유하는 사람을 만난다는 게 생각보다 흔치 않은 일이라, 충분히 부러움 살만한 인연이라 할 수 있겠다.

대학 다닐 때니까 20년도 훌쩍 넘은 이야기다.

나는 혼자 영화관을 다닐 만큼 영화를 좋아했고 당시 만나던 친구도 영화를 좋아해서 우리의 데이트 코스에는 영화관이 자주 포함됐다. 다행히 작품을 고르는 성향이 비슷해 무엇을 볼지 오래 고민하는 일도 드물었다. 영화만 함께 보는 게 아니라 그 영화에 관해 이야기하고 기억하는 모든 순간이 즐거웠던 날들이다.

나는 요즘, 20년 전 그 여자와 함께 달리는 중이다. 둘 다 그 시절에는 즐기지 않던 취미다.

되돌아보면 상대가 나와 같은 취미를 가져서가 아니라, 앞으로 무엇을 하든 함께 하고 싶었던 사람이라 인연이 닿은 게 아닐까 싶다.

내가 달리기는 서툴러도 여자 보는 눈은 좀 있다.

I see you

바로 오늘 있었던 일.

아버지 면회하느라 병원에 잠시 들렀을 때 로비에서 근무하시는 직원께서 내게 마라톤 뛰냐고 묻는다. 아직 내 주변에는 달리는 사람이 없다 보니 너무 반가운 나머지 어떻게 아셨냐고 다가가 여쭤봤다.

"시계!"

아-! 나는 평소에도 러닝 워치를 손목에 자주 차고 다닌다. 그분은 내 손목에 채워진 시계를 알아보고 먼저 아는 척해 주셨던 게다.

나보다 5~6년 이상은 연배가 있어 보였는데 풀코스 마라톤을 100회 완주하셨다고 한다. 자세만 잘 잡고 달리면 오랫동안 뛸 수 있다며 격려까지 덧붙여 주신다. 그러면서 한 말씀 더하신다.

"러너끼리는 다 알아봐요."

나는 언제쯤 이런 여유와 눈썰미를 갖춘 따뜻한 러너가 될 수 있을까.

선한 사람

트랙을 달리다 보면 종종 유명인들을 만난다. 특히 우리나라에서 '달리는 연예인' 하면 가장 먼저 떠오르는 그를 지난겨울에는 꽤 여러 번 마주쳤다.

쌓인 경력만큼 그의 달리기는 빠르면서도 편안해 보였고, 나를 수없이 추월해 준 덕에 달리는 뒷모습을 살짝 따라 해 볼 수도 있었다. 하지만 피차 운동 중이기도 하고 원래 낯선 사람에게 먼저 말 거는 성격은 아닌지라 따로 아는 척까지는 하지 않았다.

그렇게 같은 트랙을 달리던 어느 날, 한참을 달리다 보니 눈이 내리기 시작했다. 눈은 점차 굵어져 함박눈이 되었고 나도 모르게 서서히 흥이 올라왔다. 그도 나와 비슷했는지 마침 내 옆을 지나가며 "와, 눈이다!" 외치면서 신나게 달리고 있었다. 순간 이때다 싶어 소심한 인사를 건넸다.

"파이팅!"

그 눈 내리는 날씨에 달리는 사람은 우리 둘뿐이어서 왠지 모를 동료애 같은 게 느껴졌었나 보다. 그도 활짝 웃으며 더 큰 목소리로 화답해 준다.

"파이팅!"

몇 번을 봐도 참 선한 사람이다.

무명씨無名氏

새벽 트랙에서 자주 마주치는 러너가 있다. 매일 나오는 것인지 아니면 나의 일정과 우연히 겹치는 것인지는 정확히 알 수 없으나, 보통은 나보다 먼저 나와 달리고 있고 소수의 인원만 운동장에 있는 시간이다 보니 특별히 인상에 남게 됐다.

대략 6:00/km 가량의 빠르지 않은 페이스를 유지하면서도 매번 10km 안팎으로 달리는 걸로 봐서, 아마 하프 대회를 목표로 두고 있는 것이 아닌가 짐작만 해 볼 뿐이다.

소위 말하는 달리기에 최적화된 체형은 아니지만 부지런히 마일리지를 쌓아서인지 자세는 꽤 안정적이고, 저런 열정과 꾸준함이라면 무슨 일이든 책임 있게 해내는 사람일 거라는 신뢰감마저 든다.

놀랍지 않은가.
이 대목에서 '신뢰'라니.

인사 한번 주고받은 일 없고 그에 대한 아무런 정보도 없는 상태에서, 그저 이른 아침마다 보여준 달리기만으로 그는 전혀 모르는 나에게 신뢰를 쌓아가고 있었다.

잘 달리는 러너이기 전에 잘 살아내는 사람일 거라는 신뢰가, 오늘 아침도 그의 달리기를 멀리서나마 응원하게 한다.

명연설

오늘 카페에서 있었던 일이다.

30대 후반 정도로 보이는 두 여성이 내 옆 테이블을 찾아 앉는다. 한 사람은 말끔한 정장 차림 A, 다른 한 사람은 의심할 여지 없는 러닝복 차림 B.

아니나 다를까 대화 몇 마디 이어지더니 바로 달리기가 화제가 된다. 다행히 A도 달리기에 막 입문하려는 것 같고 이에 B는 절절한 간증으로 그 마음에 쐐기를 박는다.

한참 일을 보던 중이라 다른 얘기들은 잘 못 들었고 마지막 B 입에서 나온 클로징 멘트가 내 귀까지 들어와 박힌다.

10km?

그거 마음만 먹으면 누구나 뛰는 거야!

너도 할 수 있어!

와우, 이런 기세와 호소력이라니!

조금 과장해서, 옆에서 엿듣던 내가 눈물이 다 날 뻔했다.
가히 러너 한 명을 탄생시키고도 남을 명연설이다.

고정관념

업무 때문에 가끔 마주치는 사람이 있다. 딱히 긴 대화를 나눌 일도 없는 관계인지라 오며 가며 형식적인 인사나 몇 마디 주고받는 정도다.

그날도 그렇게 무표정한 인사를 주고받던 중 대화가 이렇게 흐른다.

그: "살이 좀 빠지신 거 같아요?"
나: "요즘 달리기하느라 그런가 봐요."
그: "아, 마라톤도 하세요?"
나: "네, 시작한 지 얼마 안 됐어요. OO님도 뛰세요?"
그: "저도 요즘 조금씩 달려보고 있어요!"

그 순간 분명히 느꼈다. 내가 그를 향해 처음으로 진심에서 우러나온 미소를 짓고 있다는걸.

고정관념

그새 그런 거라도 생겨버린 것일까. 달리는 사람은 왠지 괜찮은 사람일 거라는 틀에 박힌 생각. 정체가 무엇이든, 내가 만나는 사람 중에서는 그 생각에 한 번도 틀림이 없기를 바랄 뿐이다.

오늘도 뒤따라갑니다

여름 내내 새벽 운동을 하던 내가 한 번도 해보지 못한 게 하나 있다.

1등 출석

트랙을 가도, 한강을 가도, 남산을 가도, 그 모든 자리에는 나보다 먼저 나와 달리는 사람이 있었다. 일부러 제일 먼저 나가보려 애쓴 적은 없지만 그래도 한여름 아직 어둑한 새벽이면 꽤 이른 시간인데, 그 누군가는 항상 나보다 먼저 나와 이미 많은 땀을 흘리고 있었다는 얘기다.

나보다 빠른 사람은 부럽지 않다. 하지만 꾸준함과 부지런함이 몸에 밴 사람은 무한히 부럽고 존경스럽다. 나 같은 범인凡人은 오늘도 그의 꽁무니를 뒤따라가는 것으로 달리기를 시작한다.

대란大亂

킵초게도

러닝화 못 사고

대회 접수 실패해서

마라톤 못 나올 판이다.

그래서, 달리고 왔나요

'달리고 오겠다' = 어음 발행.
'달리고 왔다'　 = 어음 결제.

오늘도 부도는 막아야지.

'어떤' 러너적 사고

달리기 한 번 해볼까?
↓
(달리기)
↓
제대로 달리려면 러닝화가 필요하겠어!
↓
(러닝화 구입 & 달리기)
↓
이제 보니 옷도 필요하겠는걸!
↓
(운동복 구입 & 달리기)
↓
시계가 있으면 더 잘 달릴 수 있겠어!
↓

(시계 구입 & 달리기)

↓

근데 핸드폰은 어디에 넣지?

↓

(러닝 벨트 구입 & 달리기)

↓

나만 모자를 안 썼나 봐!

↓

(모자 구입 & 달리기)

↓

음악이 필요해!

↓

(골전도 이어폰 구입 & 달리기)

↓

고글은 꼭 써야겠더라!

↓

(고글 구입 & 달리기)

↓

．
．
．
↓

제대로 달리려면 '다른' 러닝화가 필요하겠어!

↓

('다른' 러닝화 구입 & 달리기)

↓

이제 보니 '다른' 옷도 필요하겠는걸!

↓

('다른' 운동복 구입 & 달리기)

．

．

．

"당근이세요?"

의지가 약해질 때 달리게 만드는 '상황 설계'

* 강제성
  크루, 클래스, 지인 등 타인과의 정기적 달리기 스케쥴 잡기

* 공개 목표 선언
  내가 속한 다양한 그룹에 공개적으로 달리기 목표 소문내기

* 거울 효과
  주말 트랙이나 주로에서 또는 SNS를 통해 행복하게 달리는 다른 러너들 엿보기

혼자라도 할 수 있다

크루나 클래스 없이
혼자 달리는 러너를 보면
더 큰 응원을 보내게 된다.

나 역시 대부분의 시간을
그리 홀로 채우는 주자인 데다가,
특히 초보 러너라면
자신의 달리기에 대한 확신이 약해
언제든 쉽게 흔들릴 수 있기 때문이다.

달리기에는 정답이 없다는 말이
응원이 될 수 있기를 바란다.
모든 불확실성 가운데서도
한 걸음 한 걸음 밟아간 그 흔적은

시계뿐 아니라

내 몸에도 확실하게 남는다.

희귀종

처음 달리기를 시작할 땐
혹시 나는 평균 이하가 아닐지 생각들만큼
숨차고 다리만 아프다가,
어느새 킬로미터 단위의 거리를 내뛰기 시작하고
이제 마음만 먹으면
10km쯤은 언제든 뛸 수 있는 희귀종이 된다.

계속 달리며 알게 된다.
내가 정말 평균도 안되는 인간인지,
오늘도 퇴근 후
보통 사람들은 감히 상상도 못 할 만큼의
거리를 뛰어내는 난 놈인지.

혼자 달리던 러너가
함께 달리면 경험하게 되는 것들

* 동일한 목적지를 향하는 상이한 발자국 소리
* 생각지도 못했던 다양한 달리기 자세
* 귀를 지나 심장까지 전달되는 전우의 호흡
* 세상의 모든 달리기 용품
* 진원지를 알 수 없는 진격의 파이팅
* 그 심정 짐작조차 할 수 없는 피니셔의 표정
* 혼자가 아니라는 안도의 확신

주말 러너

사람에 따라서는
매일 달리기보다 주 1회 달리기가
더 어려운 측면이 있다.

매일 달리기는 어느 정도 관성의 도움을 받지만,
어쩌다 한 번 달리려 할 땐
그만큼 내려놓아야 할 생각이 많아진다.

주말을 맞아
집 앞 초등학교 운동장에서 돌고 있는 러너에게도
동일한 크기의 박수를 보낸다.

파이팅 저축

극소심 형인 나 같은 사람도 달리면서 마주 오는 러너에게 파이팅을 먼저 외치는 순간이 있다. 바로 어르신 러너를 지나게 될 때다. 노구老軀를 짊어지고 달리는 그런 분을 볼 때면 경외심이 들 뿐 아니라 부러운 마음마저 차오른다.

그리고 그분들께 응원을 보내는 또 하나의 이유.

파이팅 저축

내가 저 나이가 되어 누군가 나에게도 똑같이 파이팅을 외치며 응원해 주길 바라는 마음에, 지금부터 차곡차곡 나의 응원을 쌓아본다.

오늘도, 파이팅!

러너의 대차대조표

주로에서 받은 응원은

주로에서 모두 되갚고 나온다.

마음을 전합니다

오늘 저녁도 많은 러너들이 눈에 밟힌다.

버스 정류장 앞을 지나고
한강을 줄지어 달리고
길 건너 운동장도 저마다의 속도로 북적인다.

나는 달리지 않는 날이지만
맘속 작은 응원만큼은 그 발에 닿기를.

'나오길 잘하셨습니다!'

오늘도 달리러 나갈까 말까
고민 중인 당신에게

사랑하듯 곁에 두고,
이별하듯 즉시 하라.

좀 더 멋진 인증샷을 위하여

아저씨 러너에게 필요한 것 = 미소

아줌마 러너에게 필요한 것 = 뻔뻔함

젊은이 러너에게 필요한 것 = 창의력

어르신 러너에게 필요한 것 = 기세

난닝구

지금이야 개그 소재 정도로 가끔 들리는 용어가 돼버렸지만, 나 어릴 적엔 어른이나 애나 다들 그렇게 부르며 입고 다녔다. 나이 오십을 바라보는 나조차 마지막으로 입어본 게 군대 시절이었을 만큼 예전처럼 많은 사람들이 찾지는 않지만, 지금도 엄연히 의류 상가 한구석에 빠짐없이 진열되고 있는 스테디셀러다.

이런 일본어식 표현에 대한 거부감마저 흐릿하던 시절 아버지들은 그것만 입고 일도 하셨고, 아이들은 그것만 입고 사방 천지를 뛰어다녔다. 달리기가 인제야 유행을 타는 것과 달리, 어쩌면 우리는 배달의 민족에 앞서 '러닝의 민족'이라는 말이 더 어울리는지도 모르겠다.

내가 만약 속옷 회사 관계자라면, 요즘 같은 분위기에 '난닝구 마라톤(이름을 어떻게 짓든)' 한번 기획해 보겠다. 기념품은 당연히 면 100% 흰색 난닝구에, 참가자 모두 입고 달리는 조건이다.

혹시 아나.
광장을 가득 메운 난닝구 무리를 보게 될 날이 올지.

실버 크루를 모집합니다

나이 들어서도 계속 달릴 수 있다면
60대 이상만 가입할 수 있는
실버 크루, 내가 만든다.

20, 30대가 동경할 만큼
멋지고 매력적인 그런 러닝 크루,
내가 꼭 만든다.

달리고 나서 치맥도 할 거고
짝 없는 사람은 썸도 탈 거다.
이쁜 단체 티도 맞춰 입을 거고
은퇴 작가 섭외해서 멋진 사진도 남길 거다.
페이스메이커pacemaker, 레이스 패트롤race patrol
다 운용할 거다.

그러니 아프지 말고

꾸준히 달리고 있기를.

지금이 있어야

그때도 있으니.

< EVENT >

그때 가서 이 책 가져오면

에너지 젤 30개 무료 증정

-

네 번째 급수대

유죄

「사기」

함께 6:00/km 페이스를 달리기로 해놓고
5:00/km 페이스로 치고 나가는 행위

「방화」

달리는 모습으로 이성 마음속에 불 지피는 행위

「납치」

운동하기 싫다는 사람 억지로 끌고 나가는 행위

「과속」

앞사람 따라잡으려 내달리는 행위

「음주 운전」

 숙취가 남아 있는 상태로 달리는 행위

「스토킹」

 동반 훈련도 아닌데 앞사람에 바짝 붙어 달리는 행위

「신분 위장」

 SNS에 본인 식별 불가능한 사진 올리는 행위

「증거 인멸」

 달렸는지도 모를 만큼 현장 정리 완벽하게 하는 행위

「테러」

 가스 분출로 주변 사람 정신 잃게 만드는 행위

「절도」

 내 마음 훔쳐 가 버린 달리기 그 자체

5장
달리러 가자, 놀이터로

술자리에서 아는 척할만한
마라톤 기록 Top7 ^{2024.10.01.기준}

①

세계 최고 기록 _ 02:00:35

켈빈 킵툼^{Kelvin Kiptum}(2023.10.08. 시카고 마라톤 우승)

②

한국 최고 기록 _ 02:07:20

이봉주(2000.02.13. 도쿄 마라톤 2위)

③

1936 베를린 올림픽 금메달 _ 02:29:19

손기정(1936.08.09. 당시 올림픽 신기록, 남승룡 3위)

④

1992 바르셀로나 올림픽 금메달 _ 02:13:23

황영조(1992.08.09. 손기정 선수와 같은 8월9일)

⑤

1947 보스턴 마라톤 우승 _ 02:25:39

서윤복(1947.04.19. 당시 세계 신기록, 남승룡 12위)

⑥

1950 보스턴 마라톤 우승 _ 02:32:39

함기용(1950.04.19. 송길윤 2위, 최윤칠 3위)

⑦

2001 보스턴 마라톤 우승 _ 02:09:43

이봉주(2001.04.16.)

* One More Person _ 엘리우드 킵초게[Eliud Kipchoge]

_ 비공식 세계 최고 기록 보유

01:59:40 (INEOS 1:59 Challenge)

_ 공식 세계 2위 기록 보유

02:01:09 (2022 베를린 마라톤)

_ 세계 6대 마라톤 중 4개 대회 우승한 최초의 선수

남자의 눈물

달리기를 하며 딱 한 번 울었다.
첫 마라톤 피니셔^{finisher}가 된 순간이다.

사실 내가 이런 걸로 울게 될 거란 건
상상도 못 하고 있었는데,
결승선에 들어오는 걸 보고
옆에서 따라오며 훌쩍이는 아내와 눈이 마주치니
나도 모르게 왈칵 눈물부터 쏟아지더라.

거기서 끝나질 않고
"나 한 번도 걷지 않았어!"
쉰 목소리로 자랑하면서 또 한 번 울컥.
마치 30여 년 전 군대 가서
어머니와 처음 통화했을 때의 그 기분이랄까.

기왕 눈물까지 보인 거
끝까지 감동적이기만 하면 좋겠는데,
그러고 있는 내 모습이 어이가 없어 웃음도 나고
몸은 아픈 곳투성이라 표정은 일그러지고.
아무튼 그날의 눈물은 그날의 완주만큼이나
뜻밖이고 예상하지 못한 장면이었다.

그 힘든 걸 왜 또 뛰냐고 주변에서 묻는다.
그럼 난 그저 '재밌으니까…'라며 슬며시 넘긴다.

그 순간을, 그 감정을, 그 이유를
어찌 말로 다 설명할 수 있을까.

내가 마라톤에 가지고 있던 오해

숨이 많이 찬 운동이다

조금만 뛰어도 숨이 찬데 어떻게 42.195km를 내달릴 수 있는 건지 늘 궁금했다. 하지만 기본 훈련을 마친 주자라면 호흡의 리듬을 찾아가는 초반 이후 숨이 차서 멈추게 될 일은 별로 없다. 만약 장거리를 달리는 데 숨이 차다면 그건 지금 너무 빠르다는 신호다.

특별한 사람만 하는 운동이다

대회장에 나가보면 안다. 정말 평범한 사람들로 가득 찬 광장, 그 이하의 조건을 가진 사람들마저 어렵지 않게 만날 수 있는 주로. 내가 달리지 못할 이유는 없다.

아저씨 아줌마의 운동이다

요즘 동네에서 달리기 좋기로 소문난 장소마다 20, 30대 러너로 가득하다. 그리고 그중 적잖은 수가 마라톤을 준비한다. 무엇보다 오늘 대회장에서 만나는 아저씨 아줌마 중에는 젊었을 때부터 달리던 사람도 많다.

마라톤 접수

극강의 마라톤 접수가 반복될 때마다, 대회 현장에 장년층이 줄어드는 걸 지켜볼 때마다, 마음 한편에는 '혹시 나 때문에 평생을 묵묵히 마라톤을 즐기던 누군가가 초대받지 못한 건 아닐까?' 하는 찜찜함이 남는다.

마라톤 접수, 어떻게 좀 안될까?

무엇으로든 간다

춘천 마라톤 접수가 어떻게 될지도 모르는데
숙소부터 일찌감치 예약했다.

접수 성공하면 마라톤 트립,
접수 실패하면 닭갈비 맛집 투어.

마라톤은 시험이 아니다

마라톤은 준비 없이 뛸 수 없는 종목이다. 그래서 열심히 준비할수록 자칫 대회에 대한 부담과 염려가 마음을 무겁게 한다.

지금껏 참가했던 두 번의 풀코스 대회 중 오히려 첫 번째 대회를 나는 좀 더 즐겼던 것 같다. 목표 기록은 있었지만 모든 것이 처음인지라 일단 완주를 해내는 게 훨씬 중요했고, 배번호를 옷에 달고 출발선에 서기까지의 모든 과정이 설렘의 연속이었다. 비가 내려도 좋았고, 몸이 힘들어도 좋았다. 이런 게 축제구나 싶었다.

두 번째 대회는 준비도 조금 더 체계적으로 하고 무엇보다 '꼭' 달성하고 싶은 기록이 있었다. 하지만 대회 직전 찾아온 장경 인대 부상으로 생각만큼 달릴 수 없었고, 결승선에 들어온 후에도 '복기'에 더 많은 신경을 썼다. 아마 나는 이때 시험을 치렀던 게 아닌가 싶다.

하지만 실제로 마라톤 현장은 사람들의 행복한 표정으로 넘쳐난다. 다름 아닌 어릴 적 놀이터에서 보던 바로 그 표정들이다.

곧 세 번째 마라톤을 앞둔 나에게 당부한다.

놀러 가자, 놀이터로.

멀리 갈 수 있는 나만의 속도 찾기

'천천히 달리면 멀리 갈 수 있다'

장거리 달리기와 관련한 격언 중
단 하나를 골라야 한다면
나는 이 문장이다.

어떤 마음으로 달리기를 시작해야 하는지,
어떻게 달리기 시작해야 하는지,
어떤 방향으로 훈련해야 하는지가
이 한 문장에 모두 담겨있다.

42.195km를

두 시간에 끊는 엘리트 선수도

다섯 시간에 끊는 마스터스 선수도,

결국 본인의 단거리 달리기 속도보다는

훨씬 천천히 달려야 가능한 일이다.

첫 대회를 앞두고서는

목표 거리를 끝까지 달릴 수 있는

나만의 '느린 속도'를 찾아내는 게 숙제였고,

그다음 대회부터는

내게 맞는 '목표 페이스'를 찾아내는 게

두 번째 숙제였다.

목표를 달성하지 못하는 게 문제가 아니라

제대로 된 목표 실정이 문제였다.

실전과 같은 훈련

LSD나 장거리 지속주를 하게 되는 날에는 언제나 일정 구간에서 물을 마시고 일정 구간에서 에너지 젤을 섭취한다. 물은 5km마다, 그리고 에너지 젤은 9km마다 챙겨 먹는다. 내가 계절에 상관없이 지키는 규칙이다.

이유는 하나다. 실제 대회에 맞춰 '먹는 것' 역시 익숙해질 필요가 있기 때문이다. 특히 에너지 젤은 몇 km마다 먹는 게 나에게 가장 좋을지 다양하게 시도한다.

대회 당일에는 새로운 걸 먹지 않는다. 에너지 젤, 식염 포도당, 간식, 영양제 등도 모두 평소 훈련할 때 먹어보고 반응을 살핀다.

입고 착용하는 것까지 미리 장거리 훈련 때 사용해 보는 것도 같은 이유다. 러닝 벨트, 싱글렛, 쇼츠, 양말, 모자, 테이핑 그리고 러닝화까지 반드시 평소 장거리를 달리며 테스트한다.

마라톤에서는 아주 작은 불편함이 누적되어 부상이나 컨디션 저하로 이어지는 일이 비일비재하다. 이걸 미리 예방할 방법은 결국 실전과 같은 훈련밖에 없다.

Long, Slow, Distance

LSD를 하러 나가는 아침은 분주하다.

일어나자마자 철분 영양제 하나에 물 500ml를 원샷하고 양갱 하나를 먹는다.

간단한 세면 뒤 선크림과 소프트렌즈, 운동복에 테이핑까지 세팅이 끝나면 무적의 동네 러너로 변신 완료.

하지만 혼자 여름 장거리를 달릴 때는 챙겨야 할 게 많다. 이럴 땐 러닝 베스트가 요긴하다.

500ml 플라스크 두 개를 꺼내 하나는 물을, 다른 하나는 이온 음료를 가득 채우고 양쪽 가슴에 꽂는다. 물과 이온 음료는 보냉 백에 하나씩 더 준비해서 종료 직후 바로 마

실 수 있도록 한다.

9km마다 도움을 줄 에너지 젤 세 개와, 중간에 먹을 식염 포도당 두 알까지 야무지게 챙긴다. 식염 포도당은 집에서 출발할 때도 두 알을 입에 넣는다.

그렇게 핸드폰과 자동차 키까지 베스트에 수납하고 나면, 드디어 내 최고의 비밀병기 카본화를 신고 집을 나선다.

오늘은 이 거창한 준비를 아내가 모두 지켜보고 있다.
차마 중간에 포기하고 올 수 없는 날이다.

중요한 예행연습

대회 일주일 전에는 일정한 시간에 화장실 가는 연습을 해 둔다. 어지간하면 하루에 한 번은 큰일을 보러 가지만 나는 그 시간이 불규칙하다는 게 문제다. 이런 생활 방식은 특히 장거리 대회를 앞두고 불안 요소가 된다. 출발할 때는 괜찮다가도 달리면서 장운동이 활발해지는 경우가 평소에도 종종 있어 왔기 때문이다.

그래서 대회 일주일 전부터는 이른 아침에 화장실에 가서 앉아 있는 훈련을 한다. 처음에는 잘되지 않다가도 2~3일 정도 지나면 비슷하게 시간이 맞춰지더라. 그렇게 대회 당일 아침, '계획대로' 거사를 끝마친 후 홀가분한 몸과 맘으로 집을 나설 수 있었다.

나에게는 이 또한 대단히 중요한 훈련이다.

키빼몸⁽ᵏⁱ⁻몸무게⁾

마라톤 하기 좋은 키빼몸으로 대개 110 정도를 이야기한다. 내 현재 키빼몸은,

키 177cm - 몸무게 64kg = 113

풀코스 대회 직전에는 115 이상 올라간다.

첫 번째 대회보다 두 번째 대회의 키빼몸이 6 정도 높았는데, 나는 이 차이만으로도 달리기가 가벼워졌음을 느꼈다.

함께 갑시다

풀코스 마라톤을 몇 번 나가보니 빠르면 15km 전후부터 DNF$^{\text{Did Not Finish}}$를 하는 주자들이 하나둘 보이더라. 그러다 하프를 넘어가면 길옆으로 빠지는 주자들이 본격적으로 나오기 시작한다.

그런데 신기하게도 40km 구간을 넘어가면서는 오히려 포기하는 사람들이 잘 보이지 않는다. 잠시 멈추거나 걷는 사람들은 있지만, 대부분이 발을 옮기며 꾸역꾸역 앞으로 나아간다. 이쯤 되면 아무리 힘들어도 포기하는 게 더 어렵기 때문이다.

7월 말, 지금이다.

여름의 하프가 코앞이다. 대회를 준비한다면 그나마 달리기가 고통스러운 기억으로 남지 않으면서 DNF 할 수 있는 마지막 시점이다. 가을만 바라보기에는 8월의 불같은 고비가 만만치 않다. 그때 가서 포기하면 꽤 쓰라리다.

물론 40km까지 어떻게든 간다면 얘기는 달라진다. 그때부터는 가을 마라톤의 출발선이 흐릿하게 보이기 시작하고, 이미 여름을 완주하고 모인 사람들의 세리머니^{ceremony}는 카운트다운에 들어간다.

Let's go together.

진짜 고수

내가 생각할 때 마라톤 최고수는, 어떤 거리를 달리더라도 처음부터 끝까지 일정한 페이스를 유지하는 사람이다. 이게 대회 현장에서 어려운 몇 가지 이유가 있다.

첫째는 자신의 정확한 페이스를 알기가 생각보다 어렵고, 둘째는 그 페이스를 정확히 알더라도 대회 현장에서는 극복해야 할 변수가 많은 데다가, 마지막으로는 잔머리 굴리거나 흥분해서 계획을 망치는 일이 허다하기 때문이다.

내가 아직 대회를 어렵게 뛰는 이유다.

마스터스 마라토너의 착각

* 이대로만 유지하면 목표 기록 달성이다.
  그대로 유지하기가 대단히 힘들다.

* 강한 정신력이 몸을 지배한다.
  준비된 몸이 먼저다.

* 오늘도 완주는 문제없다.
  어제와는 전혀 다른 대회다.

* 대회 뽕을 기대한다.
  모는 뽕은 사람을 오버하게 민든다.

* 페이스메이커만 따라가면 된다.
  그는 나를 기다려 주지 않는다.

* 주로에서 멋진 사진을 남긴다.

찍히고 싶지 않은 사진만 찍힌다.

* 카본화가 나를 구원할 것이다.

금메달리스트에게 혼날 소리.

페이스메이커 pacemaker

알지도 못하는 누군가를
이토록 철저히 신뢰하며
따라나선 적이 있었던가.
이 순간만큼은 나도 나를 믿지 못해
행여 멀어질세라 정신부터 바짝 차린다.

절대 놓치지 않겠습니다.
나를 인도하소서.

아직 갈 길이 많이 남았다

안타깝게도 대회 중 주로에서 넘어지는 주자들을 몇 번 목격했다. 맨홀 뚜껑이나 과속 방지턱, 보도블록과 버려진 물컵 등이 대표적인 화근이다. 출발지와 급수대에서의 병목현상은 수시로 아슬아슬한 상황을 연출하고, 달리다가 혼자 발이 꼬여 불운을 겪는 사람도 있다.

물론 마라톤에서만 경험하는 일들은 아니다. 살다 보면 그 자리에 맨홀 뚜껑이 있을지 과속 방지턱이 튀어나와 있을지, 혹은 경로가 겹친 다른 이에 치여 나의 속도가 지체될지 예상하기 어려운 지점들이 있다.

하지만 내가 주로에서 보았던 넘어진 주자 대부분은 지체 없이 일어나 다시 앞으로 달려 나갔다. 누구를 원망하거나 대회를 포기하기는커녕, 아무 일도 없었던 양 가던 길을 부지런히 뛰쳐나갔다. 기껏해야 욕 한 번 내뱉는 게 전부였다.

아직 갈 길이 많이 남았다면 시간은 여전히 내 편이다. 그러니 일단은 자리에서 빨리 일어나야 한다. 그것이 넘어진 주자가 생존하기 위한 첫 번째 선택이다.

완주 2km 전

※주의: 결승선이 머리로 상상한 것보다 멀리 있음

첫 마라톤 완주에 도움 되는
현실적 꿀팁

* 피니시 라인에 가족이든 연인이든 사랑하는 사람이 기다리도록 하라. 나를 기다리고 있을 그들을 떠올리는 것만으로도 쉽게 포기할 수 없다.

* 대회를 나가기 전 SNS나 지인들에게 알려라. 평소 훈련 내용을 공유하면 더 좋다. 이렇게까지 떠벌려 놨는데 완주도 못하는 내 모습을 떠올리기는 너무 싫다.

* 완주 후 SNS에 올라갈 내 모습을 상상하라. 지금 내딛는 10m, 1m마다 하트 하나씩이 채워진다.

인간의 약점이 두드러져 포기하고 싶어지는 순간,
인간이기에 가지고 있을 또 다른 약점을 이용하여
우리는 위기를 넘기기도 한다.

마라톤 주로에서 내게 힘이 된 시민 응원 TOP3

3위 "다 왔어! 어차피 짐 찾으러 가야 돼!"
2위 "신발이 얼만데 완주는 해야지!"
1위 "오빠! 오빠!!"

거리에서 응원을 보내주신 모든 분께
진심으로 감사드립니다.
덕분에 완주할 수 있었습니다.

기록 이외에

마라톤에서 가질 수 있는 목표 또는 목적

* 완주하기
* 한 번도 걷거나 멈추지 않기
* 부상 없이 달리기
* 함께 달리기
* 자존감 회복하기
* 대회 분위기 즐기기
* SNS 콘텐츠 만들기
* 자원봉사하기
* 다른 대회를 위해 연습하기
* 성취감 느끼기

마라톤의 날

9월 마지막 주말 피드는
전국의 마라톤 풍경으로 가득하다.
이참에 매년 이맘때를
「마라톤의 날」로 지정하면 어떨까.

도로 통제도 더 안전하게 하고,
완주 메달 걸고 오면
영화관이나 교통비 할인도 해주고,
동네마다 아이들이나 가족을 위한
작은 달리기 이벤트도 만들고.

나는 이제껏 이만큼의 거국적 참여를 보이는
전국 규모의 스포츠를 경험한 적이 없는 것 같다.

순간이 모여 여정이 되다

얼마 전 아는 형님이 술 한잔 걸치고 전화를 걸어왔다. 시답잖은 농담을 주고받던 중 이런 대화에 이른다.

"야, 근데 넌 어떻게 마라톤을 다 뛰냐. 내가 너 운동 안 하는 거 뻔히 아는데. 신기하네."

"저도 제가 신기해요, 형님. 하하-"

나의 첫 마라톤 완주 소식을 접한 지인들은 하나같이 그 결과에 놀라워한다. 인간이 어떻게 40km를 넘게 뛰냐며 거듭 신기해한다.

하지만 스스로 생각해도 정말 놀랍고 대견한 건, 더위와 추위 속에서 모진 풍파를 맞아가며 거리를 쌓아 올린 '나만 기억하는 여정'이다. 무거운 몸을 이끌고서 문을 나서던 '순간의 결심'들이야말로 내가 만들어간 누적 거리보다 더 응원받아야 할 진짜 기적이다.

나는 오늘도 결승선이 아닌 출발선을 상상하며 달린다. 원하는 기록으로 완주할 수 있다면야 더할 나위 없겠지만, 이미 기적을 이루고 출발 신호를 기다리는 내 모습은 그 자체만으로도 가슴 벅찬 명장면이다.

내가 첫 마라톤을 앞두고
주최 측에 문의했던 내용들

Q1 배번호는 비닐 덮개에 넣은 채로 부착하나요?
A1 마음대로

Q2 발판은 '꼭' 발로 밟아야 하는 건가요?
A2 No

Q3 옷은 '꼭' 기념품으로 받은 걸 입어야 하나요?
A3 그런 대회가 일부 있음

Q4 비가 와도 진행하나요?
A4 어지간하면 Yes

다섯 번째 급수대

속담은 마라톤을 모른다

1   길고 짧은 건 대봐야 안다

      : 시계는 이미 알고 있다.

2   공든 탑이 무너지랴

      : 부상이 오면 그러기도 한다.

3   모로 가도 서울만 가면 된다

      : 안 된다. 정해진 길로만 가야 한다.

4   목마른 놈이 우물 판다

      : 그럴 시간 없다. 급수대를 이용하라.

5   시작이 반이다

      : 그럼 걱정이 없지.

6   금강산도 식후경

: 배부르면 못 뛴다.

7   안되면 조상 탓

: 조상님은 내게 뛰라고 한 적이 없다.

8   뛰는 놈 위에 나는 놈 있다

: 그럼 반칙이지.

9   등잔 밑이 어둡다

: 등잔을 제대로 안 켜 주더라.(feat.나이트 런)

10   방귀 뀐 놈이 성낸다

: 그놈은 모른 척 달릴 뿐이다.

6장
달리기마저 용기가 필요했다

중년 아재, 러너가 되다

2023년 8월 중순부터 달리기 시작했다.

TV 속 유명 연예인의 마라톤 도전기를 보며 '저 친구도 뛰는데 내가 못 할까?'라는 근거 없는 자신감이 뿜어져 나왔다. 하지만 그는 나보다 젊었고 무엇보다 운동을 꾸준히 해오던 사람이다.

나는 운동을 좋아하지도, 즐기지도 않았다. 학창 시절엔 축구를 꽤 자주 했지만 그건 운동이 좋아서라기보다 어울림이 주는 즐거움에 빠졌다고 보는 게 맞겠다. 물론 그마저도 재능은 전혀 없었나.

나이 서른을 넘기면서는 아예 뛸 일이 없었다. 가끔 다이어트나 건강을 위해 빨리 걷기도 했지만, 절대 달리지는 않았다. 어쩌다 헬스장을 다니게 되더라도 깨작깨작 흉내만 내다 그만두기 일쑤였다.

마흔을 훌쩍 넘어 오십을 바라보는 나이에 시작한 달리기는 만만치 않았다. 지금 내가 얼마나 달릴 수 있는지 일단 그것부터 알아야 했다.

뛰는 듯 마는 듯 3km.
나의 첫 달리기이자 한계였다.

달리기를 했을 뿐인데

* 체육인이 되었다
* 철학자가 되었다
* 작가가 되었다
* 명상가가 되었다
* 기상 예보관이 되었다
* 신발 수집가가 되었다
* 카메라 감독이 되었다
* 의료인이 되었다
* 환자가 되었다
* 메달리스트가 되었다

몸치의 재발견

평생을 몸치로 살았다. 특히 남자로 태어나 운동 실력 한 번 제대로 뽐내보지 못한 건 늘 아쉬움을 남겼다. 학창 시절에도 그랬고 군 복무 시절에도 그랬다. 운동만 하면 아웃사이더였다. 사회생활을 하면서는 어울려 운동할 일이 거의 없으니 그나마 다행이다 싶었다.

나는 평생을 그렇게 살게 될 줄 알았다. 어릴 때도 못 한 걸, 젊었을 때도 못 한 걸 이제 와서 하게 되리라고는 전혀 생각할 수 없었다.

그랬던 내가 지금은 주변에서 가장 많이 달리고, 운동으로 목에 메달까지 거는 사람이 됐다. 빠른 러너는 되지 못하지만 대회에 나가면 내 뒤에 있는 사람도 한가득이다. 알고 보면, 내가 운동 좀 하는 사람이다.

꼬마야, 걱정하지 마

겨우내 뛰면서도 감기 한 번 안 걸렸었는데, 한여름 감기 옷깃에 스쳐 버렸다. 짧게 무난히 지나갔다고 생각했지만, 기관지 쪽에 아직 여파가 남아 있는지 달릴 때마다 호흡이 몹시 어렵다.

의사 설명에 따르면 어릴 적 앓았던 천식이 성인이 되어 앓는 감기에도 종종 영향을 주곤 한다는데, 숨차지 않고 달리고 싶어 하던 꼬마 시절의 한 장면이 떠올랐다. 그때를 잠시 다녀올 수 있다면 말해주고 싶다.

"꼬마야, 걱정하지 마.
친구들보다 훨씬 빠르고 훨씬 멀리
달릴 수 있게 될 거야."

just do it

높은 곳에 올라가는 것도 아니고
빠른 무언가에 탑승하는 것도 아닌데,
처음 달리기를 시작하던 순간
내게 가장 필요했던 건
다름 아닌 용기다.

                        just do it?

어느덧 세월이
모든 새로운 도전 앞에
일단 멈추라 속삭인다.

나는 달리기마저 용기가 필요한

그런 사람이 되어 있었다.

내가 20년간 달리지 않은 이유

서른 살을 갓 넘겼을 시점이다. 그날 아침 방문해 만나기로 했던 협력사 직원 중 소수의 인원을 제외하고는 대부분 출근조차 하지 않았다.

남은 이로부터 들은 이야기는 충격적이었다. 젊은 남자 직원 하나가 출근 전 트레드밀 위에서 달리다 그만 돌연사 사고를 당한 것이다. 다른 직원들도 급히 장례식장에 들르느라 단체로 출근이 늦는 상황이었다.

나는 그날이 그 사람을 처음 보기로 했던 날인지라 지금까지도 얼굴을 알지는 못한다. 내가 그에 관해 알고 있던 유일한 한 가지는 내 또래라는 것 정도다.

'내 나이의 건강한 남자도 달리다가 잘못될 수 있다.'

이게 당시 내 뇌리에 박힌 생각이었고 나에게는 이후 '달리지 않을 핑계'로 오래도록 남았다.

20년 가까이 걸렸다. 내가 다시 달리기까지. 무엇보다 나는 지금 '더 잘 살아내기 위해' 달리고 있다. 대단히 역설적으로 말이다.

내가 주저할 일이 아니었다.
내가 멈춰있을 이유도 아니었다.

유튜브로 달리기를 배웠더니

* 2배속으로 보던 습관 때문에 동작이 빠르다.
* 넘겨 보느라 지식과 정보에 여백이 많다.
* 인플루언서들과 정서적 친밀감이 높지만 정작 그들은 나를 모른다.
* 이거 따라 하고 저거 따라 하다 보니 훈련이 뒤죽박죽이다.
* 4분대 페이스를 만만하게 보고 따라 하다가 전력 질주가 돼버린다.
* 조깅만 하려고 했는데 용품에 눈을 떠버렸다.
* 달리기 페이스보다 입 러닝 페이스가 빨라진다.
* 달려보고 싶은 장소가 많아졌다.
* 시청만 해도 오늘의 달리기를 끝마친 것 같은 착각에 빠진다.
* 액션캠 판매 사이트를 들여다보고 있다.

# 휴식

어디가 아팠던 것도 아닌데 며칠 쉬고 나서 달리면 몸도 가볍고 기록도 잘 나올 때가 있다. 내가 느끼지 못하는 사이 휴식이 필요했던 시기란 얘기다. 나는 그래서 중요한 대회 직전에는 몸이 회복할 시간을 넉넉히 주려고 한다.

확실히 나이가 들어갈수록 회복력에서 점차 어려움이 생기는데, 특히 나 같은 취미 러너는 훈련과 휴식 타이밍을 정확히 짚는데 서투르다.

> 적당히 달리고, 적당히 휴식히고

나한테는 그나마 이게 가장 잘 맞는 것 같다. 너무 달리면 부상에 취약하고, 너무 쉬면 다시 달리기 귀찮아진다.

달리기를 배우며 나를 배워가기 시작한다.

걸음마 연습

길에서 맨손으로 골프 스윙 연습하는 사람들 유별나다 생각했었는데, 횡단보도 앞에서 '하나둘, 하나둘' 착지 연습하다가 유모차에 앉아 있는 아이와 눈이 마주쳤다.

'응, 아저씨도 걸음마 연습 중이야.'

남산 북측 순환로

시작부터 오르막이다.
오늘 몇 번은 더 넘어야 할 길이라
천천히 발을 옮겨 보지만,
아직 여명이 차오르지 않은 산책길을
내 거친 숨소리가 먼저 채운다.

밤새 저마다의 집사를 기다린 고양이는
각자의 구역에서 기지개를 켜며 나오고,
이미 구면인 강아지는 가쁜 숨을 몰아쉬며
풀냄새 맡는 용무에 열심을 다한다.

그렇게 한눈파는 것도 잠시.

길게 이어진 두 개의 다른 오르막이
아직 덜 풀린 다리를 무겁게 붙든다.
끝내 붙들리지 않고 버텨낸 심장은
때마침 나타난 내리막에서
피톤치드를 충전하며 휴식을 갖는다.

얼마나 더 달리면 이 길에 익숙해질까.
얼마를 더 달리면 이 산이 만만해질까.

인터벌 초보

오늘은 준비 운동부터 머리가 심란하다.

'과연 할 수 있을까?'
'내가 할 수 있을까?'

가장 가벼운 신발을 골라 신었지만
정작 마음은 그리 가볍지 않다.

1회전, 2회전…
회차가 거듭될수록
숨은 끊어질 듯 벅차고,
분명 발구름은 더 빨라지는 것 같은데
페이스는 그렇지 못하다.

'아, 못 하겠다!'
'더는 못 달리겠다!'

허벅지는 타들어 가고
뱃속에서는 뭐가 계속 올라온다.

'에라, 모르겠다.'
'오늘은 여기까지다.'

이 속도로 풀코스를 달리는 이들은
사람인가 괴물인가.

섣불리 다음을 기약하지 못한 채
일단 오늘은 후퇴다.

기록 말고도
나의 달리기가 성장했다고 느끼는 순간

* 동일한 환경에서 달려도 심박수가 낮을 때
* 달리기 후 신체적 부담이 적을 때
* 더 먼 거리를 달릴 수 있을 때
* 일정한 착지와 자세를 유지할 수 있을 때
* 상황에 따라 착지와 자세에 변화를 줄 수 있을 때
* 결심하지 않아도 달리러 나갈 수 있을 때
* 앞서가는 사람이 신경 쓰이지 않을 때
* 조깅하며 시계를 거의 보지 않을 때
* 부상으로 쉬게 되더라도 초조하지 않을 때
* 달리기만을 주제로 책 한 권을 쓸 수 있을 때

나는 배부른 러너다

사람은 한번 편한 걸 맛보면
다시는 과거로 돌아가지 못한다.

쇼츠는 점점 더 짧아지고
싱글렛의 민망함은 이제 기억도 안 난다.
단벌로 뛰던 시기도 있었으나
지금은 매번 새로 세탁한 옷으로 갈아입고,
시계 없는 달리기는 상상조차 할 수 없다.

선글라스도 잘 안 쓰던 사람이
고글은 끔찍이 챙기고,
허기져 달리는 게 당연한 줄 알았던 초보 러너는
집에 에너지 젤을 쌓아두고 산다.

정점은 언제나 신발이다.

고가의 러닝화를 신고 달려 본 이후로는

눈에 들어오는 신발도 늘 비슷한 급이다.

이제 카본화가 준비되어 있지 않으면

장거리를 달릴 준비가 되어 있지 않다고 여긴다.

나는 배부른 러너다.

그녀의 달리기

이번 상반기에는 달리기에 막 입문한 아내와 함께 10km 대회를 두 번 다녀왔다.

아내는 아직 이 거리를 한 번도 걷지 않고 달리지는 못한다. 그래도 첫 대회 마치고 2주 뒤 참가한 두 번째 대회에서 10분가량 기록이 줄었다. 그만큼 걷는 시간을 줄였다.

지금은 내가 함께 나가지 않아도 가끔 혼자 집 앞 초등학교 운동장을 돌고 온다. 사실 주법도 자세도 고쳐야 할 것 투성이지만, 아직 속도가 빠르거나 누적 거리가 많지 않아 부상 위험만 없다면 나도 말을 아낀다. 자고로 부부간에는 운전뿐 아니라 달리기할 때도 잔소리를 줄여야 평화롭다.

지금은 이것저것 신경 쓰기보다 천천히 달리는 즐거움을

먼저 느끼도록 해주고 싶다. 나이 들어 쭉 함께 달리려면 그게 더 중요할 것 같아서 말이다.

MSG 없이 달리기

부모님의 복수를 위해 달리는 것도 아닌데, 나는 달릴 때 음악을 거의 듣지 않는다. 트레드밀을 뛸 땐 TV도 켜지 않는다.

가장 큰 이유는 아직 달리기에만 집중하며 자세를 유지할 필요가 있어서고, 두 번째 이유로는 달릴 때 들려오는 호흡과 바람 소리 느끼는 걸 더 선호하기 때문이다.

원래의 성향도 연관성이 있어 보인다.

짜장면에 고춧가루를 넣지 않고 냉면에도 겨자나 식초를 넣지 않는다. 경치 좋은 곳에 갈 땐 선글라스를 벗고, 맞춤보다는 기성품을 그대로 이용할 때가 많다. 확실히 '날 것'을 더 즐기는 편이다.

한동안 골전도 이어폰을 사용해 영어 수업도 듣고 음악도 들어봤지만, 장거리를 그렇게 지루하게 달리는 스타일은 아닌 것 같아 요즘은 아내가 더 많이 사용한다. 아마도 음악을 듣기 위해 달리기를 하게 될 날이 온다면 그때는 오히려 유용할 것 같다.

달리며 쉴 새 없이 오감으로 전해오는 느낌들이 나는 좋다. 사실, 그 때문에 달리는 것 같기도 하다.

길이 보이다

달리기를 시작한 이후로 좋은 길들이 눈에 들어온다. 어쩌다 지나게 되는 낯선 동네뿐 아니라 자주 다니던 집 근처에서도 멋진 길을 발견하는 경우가 더러 있다.

'이곳에서 조깅하면 좋겠는데?'
'여기는 오르막길 연습하라고 만든 길이네!'

이렇듯 달리고 싶어지는 길을 만나면 그렇게 반갑다. 이게 시야가 넓어지는 건지 좁아지는 건지 혼란스럽기는 한데, 어쨌거나 오늘도 좋은 길 하나와 인연이 닿아 행복한 달리기를 하고 들어올 수 있있다.

나의 달리기 거리

머리를 깨우고 싶을 땐 1km.

낯선 여행지에서는 3km.

살을 빼려면 7km.

본격적인 운동을 원할 땐 10km.

장거리 훈련은 20km.

쉬는 날에는 30km.

그리고 1년에 두 번 42.195km.

확실한 것 한 가지

이대로 40대 초반으로 돌아간다면 제대로 된 운동 하나를 시작할 거다. 달리기든 뭐든 간에 시간을 들이고 진심을 던져 생애 최고의 운동 성과를 만들어 볼 테다.

이대로 30대로 돌아간다면 내 몸을 더 아껴줄 거다. 일상의 균형을 유지하기 위해 노력할 거고 불필요한 것들에 거리를 두며 좋은 음식을 챙겨 먹을 테다.

이대로 20대로 돌아간다면 더 많이 움직여 볼 거다. 잠을 줄여 밖으로 나갈 거고, 새로운 공부와 도전으로 기회를 만들어 볼 테다.

이대로 10대로 돌아간다면 일기를 쓸 거다. 나를 성장시키는 말들을 연습하며 나에게 더 집중해 볼 테다.

그래서 돌아가고 싶냐고?

아니, 나 요즘 저것들 다 해보면서 산다.

그때로 돌아가 봐야 안 한다.

내가 안다.

1주년

1년 전 오늘은 스마트 워치에 나의 첫 달리기가 기록된 날이다. 3km부터 시작한 몇 차례의 달리기 후, 문득 제대로 해보고 싶다는 마음이 들어 곧장 시계와 러닝화부터 구매했다. 평생 운동을 위해 이만한 소비를 한 기억이 없을 만큼 정체 모를 무언가가 내 마음을 흔들었다.

그렇게 최선을 다해 남겨진 첫 기록은 8.10km. 페이스의 개념조차 몰랐던 당시에는 그저 힘닿는 대로 달렸고, 172bpm이라는 평균 심박수가 말해주듯 꽤 힘든 질주를 했던 기억이 난다.

오늘 나는 지속주 훈련을 위해 10km를 달렸다. 1년 전 그날에 비해 속도 대비 심박수는 많이 떨어졌고, 이제 이 정도 페이스와 거리는 언제든 달릴 수 있을 만큼 성장했다.

그간 달리기 싫은 날은 있어도 달리기를 멈추고 싶던 날은 없었기 때문이라 생각한다.

1년 전 나에게로 돌아가 달리기를 결심해 줘서 고맙다 말해주고 싶다. 포기하지 않아서, 멈추지 않아서 다행이라 말해주고 싶다.

마지막 급수대

나에게 달리기는

1   인과응보(因果應報): 마라톤
2   군계일학(群鷄一鶴): 카본화
3   유유자적(悠悠自適): 조깅
4   십년감수(十年減壽): 인터벌 훈련
5   산전수전(山戰水戰): 트레일 러닝
6   일희일비(一喜一悲): 페이스
7   속전속결(速戰速決): sub3
8   동고동락(同苦同樂): 러닝 크루
9   일취월장(日就月將): 초보 러너
10 천방지축(天方地軸): 심박수
11 환골탈태(換骨奪胎): 인증샷
12 과유불급(過猶不及): 체중

Finish

스레드에 글을 한창 올리던 2024년 여름은 잊지 못할 기억이 많다. 우선 100년 만에 파리에서 올림픽이 열리고 있었고, 동시에 나는 가을 마라톤을 준비하느라 그 어느 때보다 많은 땀을 흘리고 있었다. 그리고 장맛비가 내리던 어느 여름밤, 사랑하는 아버지를 보내드렸다.

아버지께서는 나와 달리 어릴 적부터 운동을 좋아하시던 분이다. 아들이 당신의 운동 신경을 닮지 않은 걸 의아해하시던 아버지다. 그런 아들이 나이 오십이 임박해 갑자기 마라톤 완주 메달을 목에 걸고 왔을 때는, 힘없는 목소리로나마 "축하한다"라며 진심으로 기뻐하셨다. 그날 수만 명의 목에 걸린 똑같은 모양의 메달이지만, 내가 아버지께 걸어드린 첫 마라톤 완주 메달이자 세상 하나뿐인 우리 부자의 이야기다.

오늘도 전국 각지 달릴만한 길에는 운동화를 신고 나온 러너로 가득하다. 모두 같은 신발을 신고 닮은 모양으로 달리는 듯해도, 각자 그림자에 깃든 이야기는 러너의 수만큼이나 다양하다. 이 책에 담긴 나의 이야기는 그에 비하면 아주 작은 일부분에 불과할 뿐이다. 개인적으로는 더 풍성하고 많은 러너의 이야기들이 세상에 소개되기를 바란다. 그래서 달리는 이의 뒷모습만 바라보던 훨씬 더 많은 사람들이 용기를 내어 함께 달릴 수 있는 날을 기대한다.

달리기가 사람을, 삶을 변화시킬 수 있을까.

일단 분명히 할 것은 달리기에는 그럴 책임이 없다는 사실이다. 누군가에게 달리기는 그저 달리기일 뿐이기도 하고, 더군다나 사람을 치유하거나 삶을 견인할 목적으로 달리기가 만병통치약처럼 권해지는 것도 이 책이 바라는 방향은 아니다. 다시 강조하지만, 달리기를 통한 경험과 이야기는 사람마다 다르다.

그럼에도 내가 스레드에 계속 달리는 이야기를 기록하고 책으로까지 남겨가며 세상과 공유하는 까닭은 분명하다. 달려야지만 '보고, 느끼고, 알 수 있는 세상'이 존재하기 때문이다. 그것만큼은 확실하기 때문이다.

살다 보면 내 뜻과 상관없이 멈춰야 하는 순간이 있고, 익숙했던 호흡에 문득 숨이 차오르는 환경에 놓이기도 한다. 그럴 때 심장이 뛰는 방향을 찾아 발을 떼어 움직이다 보면, 어쩌면 전혀 엉뚱한 곳에서 지금 내게 필요한 걸 발견하게 될지도 모르겠다.

예를 들어, 달리기처럼.

500자 안에 담긴 날리기와 생존에 관한 이야기
스레드에서 달리기 중입니다

1판 1쇄 발행　　2024년 11월 1일

지은이　　　　김찬호

발행인　　　　김찬호
발행처　　　　첫번째펭귄북스
등록　　　　　2024년 9월 19일 제2024-000156호

이메일　　　　chpenguin@daum.net
인스타그램　　@1stpenguin.books

ISBN　　　　　979-11-989418-0-0 (03810)

* 이 책은 저작권법에 의해 한국 내에서 보호를 받는 저작물이므로 무단 전재와 복제를 금합니다.
* 잘못 만들어진 책은 구입처에서 교환해 드립니다.
* 가격은 뒤표지에 표시돼 있습니다.